REMY DE GOURMONT

—

Les Chevaux de Diomède

— ROMAN —

Veritas in dicto non in re consistit.
Thomas Hobbes.

Quatrième édition.

PARIS
SOCIÉTÉ DV MERCVRE DE FRANCE
XV, RVE DE L'ÉCHAVDÉ-SAINT-GERMAIN, XV
—
M DCCC XCVII

DU MÊME AUTEUR

Sixtine, roman.	1 vol.
Lilith.	1 vol.
Le latin mystique, préface de J.-K. Huysmans, dessin de Filiger.	1 vol.
Litanies de la rose (*épuisé*)	1 plq.
Le fantome, roman, orné de deux lithographies d'Henry de Groux	1 vol.
Théodat	1 vol.
L'idéalisme, orné d'un dessin de Filiger	1 vol.
Fleurs de jadis	1 plq.
Histoires magiques, avec une lithographie d'Henry de Groux	1 vol.
Histoire tragique de la princesse Phénissa.	1 plq.
Proses moroses	1 vol.
Le chateau singulier, orné de 32 vignettes en rouge et en bleu.	1 vol.
Phocas, couverture et 3 vignettes par l'auteur	1 vol.
La poésie populaire, avec un air noté et des images.	1 plq.
Le miracle de théophile, de Rutebeuf, texte du xiiie siècle, modernisé.	1 plq.
Le pèlerin du silence	1 vol.
Le livre des masques, portraits symbolistes.	1 vol.

Prochainement :

Le sein nu	1 vol.
Pages de rêve et d'ironie	1 vol.
La forêt d'andaine	1 vol.

LES CHEVAUX DE DIOMÈDE

IL A ÉTÉ TIRÉ DE CET OUVRAGE

Trois exemplaires sur japon impérial, numérotés de 1 à 3, et quinze exemplaires sur hollande, numérotés de 4 à 18.

JUSTIFICATION DU TIRAGE :

Droits de reproduction et de traduction réservés pour tous pays y compris la Suède et la Norvège.

PRÉFACE

> Tout vit dans tout éternellement.

On trouvera en ce livre, qui est un petit roman d'aventures possibles, la pensée, l'acte, le songe, la sensualité exposés sur le même plan et analysés avec une pareille bonne volonté. C'est que, décidément, l'homme est un tout où l'analyse retrouve mal la dualité antique de l'âme et du corps. L'âme est un mode et le corps est un mode, mais indistincts et fondus ; l'âme est corporelle et le corps est spirituel. L'existence ou la permanence de l'une est liée à l'indestructibilité de l'autre ; ce qui a existé existe toujours ; rien ne se transforme et rien ne meurt ; tout vit dans tout éternellement. La vie est fondée sur les principes d'égalité et d'identité ; aucun geste n'est supérieur ni différent et toutes les manifestations de l'activité vitale, ou spécialement humaine, semblent bien équipollentes, toutes nées d'une volonté unique, qui a des mystères, mais aussi des évidences.

Cependant les mystères, en permettant à l'intelligence l'hésitation, justifient ses erreurs et ses fantaisies.

31 janvier 1897.

A

PAUL ADAM

LES CHEVAUX DE DIOMÈDE

LES ROSES

> L'odeur idéale des roses qu'on ne cueillera jamais.

« Cette cabane d'anachorète avec son toit de chaume et peut-être de roseaux, et sa porte en claie, et ses murs en terre battue, et la tête de mort dans un coin, et la cruche ! Oui, mais la joie d'être seul, et le silence, et avoir écrasé le désir sous son pied nu !

Il y eut des temps où l'on courait au désert. Revenant de châtier quelques indociles Slaves, les soldats surpris croisaient un pèlerin qui allait s'agenouiller dans la solitude des dévastations nouvelles, planter entre Rome et les barbares le rempart d'une croix de bois. L'un partait, ivre encore d'une rose trop passionnément respirée, et il se jetait le soir sur un tas de feuilles mortes ; l'autre, tout troublé du parfum amer des philosophies maladives, taillait ses dernières sandales dans le rouleau des Ennéades et fermait pour jamais son âme et ses yeux aux voluptés intellectuelles ; l'autre, qui avait été cruel, baisait avant de fuir la main de ses esclaves torturés : tous se punissaient selon leur péché, mais ils avaient péché d'abord en aimant trop la vie et ils se destinaient à ne plus caresser que des fantômes, à ne plus sourire qu'à l'invisible.

Ceux-là étaient des chrétiens. Le paganisme aussi eut ses ermites, que d'orgueilleuses volontés séparaient du reste des hommes, admirables égoïstes enfin las de partager avec le commun des plaisirs vulgarisés, fragiles sensitifs blessés trois fois par jour au rude contact de la bestialité hirsute, mépriseurs qui, fatigués même de leur mépris pour la médiocrité humaine, allaient essayer d'aimer les arbres et peut-être, selon le commandement de Pythagore, d'adorer le souffle sacré des tempêtes.

Et tous s'éloignaient altérés de la même soif,

poussés vers la même source, celle qui ne jaillit que dans les cellules ou dans les rochers, sous la puissante magie de la solitude, et, ayant nié les contingences sociales, ils s'abreuvaient au divin.

Pour être homme, c'est-à-dire participant de l'infini, il faut abjurer toutes les conformités fraternelles et se vouloir spécial, unique, absolu. Ceux-là seuls seront sauvés, qui se seront sauvés eux-mêmes d'entre la foule... »

Là de sa méditation, Diomède fut interrompu par la sonnerie d'une heure.

Christine allait arriver.

Depuis que séparé d'une joie redevenue rien, anéanti lui-même presque et demeuré prostré le long du chemin, il voulait s'égayer au sourire des passantes.

Celle-ci était frêle, muette et lumineuse. Elle entrait comme un regard, comme ayant coulé à travers la fente de la porte et, entrée, ne remuait pas avec plus de bruit que dans la glace le reflet de sa grâce.

L'amour, et qu'on le dévêtît un peu, des mains ou du regard, au col l'idée d'un baiser, d'équivoques prières : rien ne rassurait et rien ne troublait la clarté de ses yeux étonnés pareils à ceux qui accueillirent la visitation angélique, mais sans foi et passifs. Chaque fois qu'elle venait, Diomède entendait intérieurement ce vers ancien dont rien en Christine ne justifiait l'évocation, sinon peut-être un air lointain de victime :

Les pleurs mêlés aux cris des mourantes hosties.

Le silence et une soudaine nuit étaient les adorables témoins du sacrifice.

C'était une bien jolie jeune femme d'une chasteté toute chrétienne, mais habillée singulièrement et tout d'un coup demi-nue. Sa beauté était candide et sobre, monacale et aristocratique.

Diomède la rêvait une de ces nobles filles qui craintivement, mais sans rougir, tendaient à leur amant l'échelle de corde par-dessus la muraille du cloître. Histoires enfin presque toutes tragiques et si peu galantes ! Sa règle, jadis, eût été d'aimer sans rien dire, de suivre son amour, au mépris du monde et de ne rendre compte qu'à Dieu de l'usage de sa vie. D'ailleurs ingénue et heureuse au fond de son cœur, quoique d'un bonheur dont personne, ni surtout ses amants n'auraient eu la confidence.

Ses fidélités duraient plusieurs mois, toute une saison, amours d'été, amours d'hiver, puis Diomède ne la revoyait plus que peut-être après une année, car elle avait des révolutions comme les astres et des manquements comme les comètes. Sans doute que sa chevelure dorée, pour des yeux qui la pleuraient, n'avait qu'une seule fois paru au ciel.

Christine allait arriver, entrer comme un regard par la fente de la porte.

Elle ne vint pas.

Diomède en eut du chagrin.

D'autres heures passèrent. Engourdi par la torture d'attendre, il avait peu à peu repris sa méditation. Déçu et affligé, il se trouva bientôt irrité contre l'inclairvoyance de son désir et, une fois de plus, envieux de l'état des sages qui ont aboli en leur âme toute mondaine convoitise, telle que celle de boire en silence la beauté de la chaste Christine.

Il rouvrit à la page délaissée le deuxième tome de la Vie des Solitaires d'Occident et déplia soigneusement le plan du monastère et du désert des Camaldules. Cet ordre révolu, par son inexistence même le tentait spécialement. Cela se passait, disait le livre, « dans une montagne très escarpée et d'un accès difficile ; on en descend comme par un précipice vers un vallon où fut bâti le monastère de Camaldoli ; de ce monastère on envoie chaque jour aux Hermites ce qui leur est nécessaire. Entre le Monastère de la Vallée et l'Hermitage d'en haut, il y a cinq quarts d'heures de chemin et l'on trouve sur sa route quantité d'arbres verts et plusieurs torrents qu'il faut passer. Cette montagne est toute couverte d'un bois obscur de grands sapins qui rendent une excellente odeur : comme ces arbres ont toujours leurs feuilles et leur verdure, ils forment au milieu de la forêt un lieu sombre et la plus belle retraite du monde, toujours arrosée par sept fontaines, aux eaux claires et pures, et l'effet en est très agréable... »

Il ferma les yeux un peu, attendant la présence de son amie ; puis il relut cette page verdoyante.

« Très agreable... En effet, très agréable », et Diomède songea que par des lectures choisies avec soin, lentes et méditées, on peut recréer son existence avec une facilité presque mauvaise.

« L'homme d'action n'est qu'un terrassier; le moindre conteur remue plus de vie qu'un conquérant, et d'ailleurs si la parole n'est pas tout, rien n'existe sans la parole : elle est à la fois le levain, le sel et la forme. Elle est peut-être aux gestes humains ce que le soleil est à la terre, le principe extérieur de la différenciation formelle, la condition absolue du mouvement vital. Quelques-uns seulement, et sans profit ni joie pour eux-mêmes, peuvent transformer directement les actes d'autrui en pensées personnelles : le peuple des hommes ne pense que des pensées déjà exhalées, ne sent que des sentiments déjà usés et des sensations fanées comme de vieux gants. Quand une parole nouvelle arrive à son adresse, elle arrive pareille à ces cartes postales qui ont fait le tour du monde et dont l'écriture se meurt oblitérée sous les maculatures, mais, énigme ou mensonge, elle n'en est pas moins la grande créatrice peut-être de tout, et créatrice très agréable, en effet très agréable, les jours où l'on attend Christine, à l'heure où le désir parti vous laisse un trou dans le cœur.

Les Camaldules, de pauvres gens, sans doute, à l'âme fade, lasse et endormie. En être, quel dégoût ! Mais en lire le conte ou l'histoire me donne une heure de paix, — et je songe avec délices au mépris, pour de si candides plaisirs, de la plèbe intellectuelle et du troupeau sentimental. »

Il se reprit :

« Ceci dépasse un peu ma pensée présente... »

Il venait de songer à Pascase, si doux et si sensible sans sa brutalité nerveuse et dont il se sentait aimé avec une crainte fière.

« Peut-être va-t-il passer ? Je lui ferai signe. »

Pascase à tout moment sortait, vite rentré ; une singulière agitation musculaire lui donnait des allures de chien inquiet dont on ne sait s'il cherche une femelle, un os, ou rien.

Il passa, levant les yeux, et Diomède n'eut qu'à cogner légèrement à la vitre.

— Je n'osais, dit Pascase. Hier, vous m'aviez dit, votre chère Christine...

— Christine ne m'est pas chère, repondit Diomède, elle m'est agréable. Comme les mots n'ont pas pour nous deux un identique sens, je dois préciser, en me servant de votre langage. Christine m'est agréable par sa forme, sa grâce, sa discrétion, son air pâle et voilà tout. D'ailleurs elle n'est pas venue.

— Et cela vous est égal ?

— Maintenant, oui. Il y a une heure, j'en souffrais. Je souffrais par ma faute. Seul, je puis me faire souffrir. Je me poignarde moi-même. Les autres couteaux n'ont pas d'affinité avec ma chair. Christine vient ou ne vient pas. Elle n'est pas venue : c'est à cette minute comme si elle était partie. Peut-être n'ai-je pas désiré assez ardemment sa présence ? Il y a des jours où les âmes tournent sans volonté comme des boussoles malades ; elles ne peuvent prendre contact et nos désirs, même mutuels, crèvent à mi-chemin dans l'air, s'en vont en petites fusées un peu ridicules.

Pascase en était resté à « partie ou pas venue »; il dit :

— Ce n'est pas la même chose.

— Quoi ? Les désirs et les fusées ?

— Quelles fusées ? Diomède, que votre pensée

est difficile à suivre ! Je dis : Partie ou pas venue, c'est très différent. C'est oui et non.

— Pascase, mon cher ami, quand oui ou non se disent au passé ils ont une signification également nulle ; ils se confondent dans le néant.

— Enfin, venue, vous auriez encore maintenant aux mains, aux yeux, aux lèvres la sensation d'un souvenir vrai, d'une joie évidente. L'odeur des roses demeure où les roses ont fleuri.

— Vous êtes content de votre phrase? Elle est jolie.

— Je dis ce que je pense.

Diomède ne répondit pas. Il ne pouvait, sans le froisser, avouer ses habitudes spécieuses de langage à un ami du caractère de Pascase. Souriant, il reprit :

— Pourquoi croyez-vous à l'existence de Christine? L'avez-vous vue ?

— Jamais. Et je ne voudrais pas la voir. Elle me fait peur. Si je la voyais, je l'aimerais. Ne me la montrez jamais, jamais !...

Il s'était levé, exalté, bousculant les tapis, tyrannisant avec des doigts fous un éventail qui traînait sur une table.

— Elle est venue ! voici son éventail. Je le reconnais. Il sent l'odeur quelle doit sentir, l'odeur des roses, l'odeur idéale des roses qu'on ne cueillera jamais. En aurais-je peur, si je ne la sentais vivante et tentante ? Cette chambre est toute pleine d'elle. J'ai tort de venir ici. Si je l'aimais, je ne me posséderais plus... Elle me tiendrait, elle me serrerait, elle m'étoufferait dans ses bras parfumés de l'odeur des roses mourantes... Elle me fait peur, elle me fait peur...

Il se tut, réfugié dans un coin, l'air honteux, penché sur une des images, papillons cloués au mur. Alors Diomède, que de telles oraisons ne pouvaient ni surprendre, ni émouvoir, insinua doucement :

— Pascase, cœur tendre et brave, pourquoi n'avez-vous pas une maîtresse, une vraie maîtresse ? Moi, j'en ai plusieurs...

— Comment, vous la trompez, Elle !

— Nous ne nous comprenons pas bien, reprit Diomède, souriant amicalement, et la faute en

est, je crois, à votre vocabulaire un peu démodé.
Les femmes, fleurs des haies, appartiennent à
ceux qui les cueillent. A elles, femmes, mieux
douées que les églantines, d'agiter la menace de
leurs épines, si elles ne veulent pas être cueillies :
avant de se donner, elles sont libres, et, s'étant
données, elles sont libres encore. J'ai Christine :
prenez-la, mais comment ferez-vous ? D'ailleurs
vous en avez peur. Laissons les rêves. J'ai Fanette,
une enfant légère, toute blonde et fine, que j'aime
pour la fraîcheur de son âme, mais Fanette a des
amants sans nombre. Où aurait-elle appris l'amour?
L'amour s'apprend. Voulez-vous Fanette ? Elle est
douce, elle vous séduira. J'ai Mauve : mais Mauve a
goûté à bien des grappes. Sa vigne est une forêt de
ceps aux feuilles viridentes, aux fruits de toute saveur : sucre ou verjus, l'oiseau picore et boit, le bec
levé au ciel, en une si jolie extase. Aimez-la, aimez
l'amusante Mauve. Elle est rousse comme un mar-
ron. Non ? Pas ? Prenez Cyrène, femme illustre que
Cyran adora. Depuis, il s'est fait oindre l'âme, selon
les rites, des plus puissantes huiles pénitentielles,
mais Cyrène est prête à la vertu : ils s'aimeront
peut-être encore, par ennui, par pitié, par lassi-

tude... Je ne sais que vous conseiller, j'aime beaucoup Cyran. Il me plairait seulement de contrarier les destins et d'effacer un mot des écritures que formulent dans le ciel astrologique les mains séniles des planètes célèbres... Cyrène est bien des choses ; d'abord un saule pleureur, et le plus hospitalier ; on s'y assied en rond et on fait la dînette. Cœur charmant de vicieuse sentimentale! Elle était si bien faite pour ne pas écrire et pour être la dame voilée qui descend de voiture en plein faubourg, jette une bourse à la pauvre veuve, et disparaît dans un nuage d'amour, la dame qui est généreuse parce que ses lombes sont satisfaits. Je n'ai trouvé jamais un peu de logique que dans les romans-feuilletons... Enfin, elle s'ennuie, elle me l'a dit. Elle attend. De l'ennui vrai, de l'ennui sacré, du grand ennui, elle est naturellement incapable. Ah ! l'inquiétude de vivre, l'ignorance de tout, notre mutisme aux incessantes questions de l'être inconnu qui demeure, s'agite et chante en nous! Lui répondre? D'abord le connaître. Avant tout peut-être, le chercher? Le cherchons-nous vraiment et avec bonne volonté? Quel est son nom? Son nom est Nous, son nom est Moi. J'ai des hommes et des femmes, des amis et des maîtresses, une vie libre et large, il me manque Moi. Parfois je me cherche et, miraculeusement, parfois je me trouve : alors je me fuis. C'est absurde, oui, mais j'ai un penchant vers l'absurde : un jeune arbre s'incline vers l'eau triste et verdie d'un étang obscur. Il y a de la peur dans nos âmes et, dans nos têtes, le vertige des courants et des chutes. Arbres, plantes, herbes d'aujourd'hui, vous, moi et tous, nous sommes des êtres déracinés qu'emporte vers l'océan ignoré, radeaux, barques ou navires, le brutal et impérieux fleuve qui a conquis la forêt. Il nous emporte debout, dressés encore comme de l'humus natal, avec nos feuilles que le vent fait parler, nos oiseaux, nos insectes, toutes nos bêtes familières : et c'est pourquoi nous croyons vivre, mais il n'y aura plus de printemps. Non, c'est trop grandiose pour notre médiocrité. Il s'agit d'une pauvre touffe de mousse qui ne se nourrit plus de la terre, mais d'un peu d'air humide ; ou peut-être d'une giroflée qui grelotte sur la crête d'un vieux mur. Je ne fais plus partie ni des bois spontanés, ni des jardins bien ordonnés ; je n'éprouve aucun plaisir de fraternité ; je suis seul. Comme nous sommes seuls, mon ami ! Seuls et abandonnés nus au milieu du monde hostile et délaissés même de Dieu. Dieu, il ne gouverne plus ; c'est l'interrègne de l'infini. Alors notre salut est en nous, absolument, comme il a été dit, et il faut nous chercher, et nous trouver, et apprendre à ne pas avoir peur de nous-mêmes; à regarder bravement les eaux vertes et froides de l'étang obscur et triste. Voilà, je sais toujours parfaitement ce que je veux dire, et d'images en images, comme on change de cheval et non de route, j'arrive à l'auberge. Ah ! oui, se coucher et dormir ! La pensée est une maladie qui fait fuir le sommeil... Demain, j'irai voir Fanette. Ça, c'est bien amusant.

Demeuré seul, Pascase ayant à peine refermé la porte, Diomède sentit un rapide frisson de fièvre. Son idée se levait comme d'un fauteuil, marchait, s'approchait de lui ; il en subit l'étreinte et le baiser, vécut avec elle, toute la soirée, se coucha avec elle en son lit d'homme seul. Nue et froide, tenace et muette, elle s'étendit près de lui, veillant sur son sommeil.

La voix de Christine l'appela du bas de la montagne. Il se leva, sortit de sa cellule et descendit vers la voyageuse attardée, un bâton d'une main et de l'autre une lourde lanterne. Mais Christine, dès qu'elle le vit, s'enfuit, criant :

« J'ai peur des grands sapins noirs. »

II

LES PEUPLIERS

> Des flocons volaient, fleurs des peupliers pâles.

Au matin Diomède fut délivré. Alors il songea à Pascase et le plaignit de sa folie. Il le jugeait capable vraiment de se laisser prendre ou même de se donner, né pour porter avec contentement le fardeau si lourd de l'esclavage sentimental. Sa peur n'était que l'instinctif cri de la bête surprise parmi la paix de la caverne ; mais capté, il entrerait dans la cage nouvelle (si peu différente de la caverne), avec une fière docilité...

« Cela serait curieux s'il était vraiment amoureux de Christine ! La jolie psychologie à suivre ! Il faut tromper la Nature. Rien de plaisant comme de railler la vieille déesse naïve et de fouetter un peu ses amants ! Les âmes simples seront bafouées jusqu'aux larmes...»

Il se reprit :

« Ceci encore est trop. J'exprime la haine et le mépris, moi qui ne suis incliné qu'à la pitié. Avoir pitié des hommes. Tout autre sentiment est excessif. Je voudrais répandre autour de moi d'abondantes aumônes... »

Des flocons volaient, fleurs des peupliers pâles. Une jeune femme passa, sa robe rose harnachée de houppes, buisson d'églantiers frôlé par des agneaux. Il songea à Fanette. Mais c'était l'heure de Cyran. Bien plus amusant encore était Cyran avec sa méchanceté maintenant timide, clandestine, ses mots équivoques insinués d'un ton doux, selon toutes les formes de la pureté d'intention; des pièces fausses dans le tronc des pauvres.

Il ornementait à Auteuil une pauvre chapelle de Franciscains, peintre de ceux dont la peinture n'est qu'une des formes abrégées de l'écriture, et à la nuit, sa page finie, s'en revenait par les barques, vers le petit café de la rue Saint-Benoît où des amis le rejoignaient. Le matin, la messe; le soir, le café : la vie de Cyran oscillait maintenant béate entre cette joie et ce plaisir.

Il posa sur la table son tabac, sa pipe et un petit eucologe, caressa ses cheveux blancs et, les lèvres retroussées, dit, poussant vers Diomède, le livret noir :

— Oui, mon cher, j'en suis là, fillette de quatorze ans, délectée à l'invincible niaiserie des redites amoureuses. *Petit Mois de Marie!* C'est drôle, hein ? Cyran, l'homme des filles ! Mais j'ai tant aimé la chair, j'ai tant bu et mangé la chair et le sang de la femme que je ne puis plus communier qu'avec de fallacieuses nuées. Ah ! rosée céleste, manne matinale ! Ah ! qu'elle pleure et qu'elle pleuve ! Je fais une peinture pour expliquer cela : une procession de femmes blanches qui s'avancent voilées, tenant à la main un rameau défeuillé fleuri d'un cœur. Cela ressemble à un gros lys rouge. Tout le reste blanc, rien que blanc, et il tombe du ciel pâle une rosée neigeuse... C'est très beau...

Facilement dominateur de Pascase et de quelques autres, Diomède était moins à l'aise avec Cyran dont l'imagination volontaire et tortueuse le déroutait parfois. D'ailleurs il l'aimait. Pour se donner du temps, il voulut discuter la question technique du blanc sur blanc, mais Cyran continua :

— Ne plus peindre que pour les premières communiantes ! Est-ce que les âmes fraîches de ces petites amoureuses n'ont pas droit à l'art, tout comme votre âme corrompue, dites, Diomède ? Des anges, des flammes, des colombes et des lys...

— Des liserons qui leur grimpent aux jambes, interrompit Diomède. Elles sont tout aussi corrompues que vous, mais innocemment ; elles ne le savent pas. Les petites filles, vous savez ce qu'on en fait ?...

— Je l'ai su, répondit Cyran, avec une certaine gravité.

Il fit disparaître son eucologe et reprit doucement, après un silence :

— Diomède, je ne cherche pas à vous tromper, et vous me connaissez trop pour ne pas savoir discerner ma vraie pensée d'entre les faux cabochons.

Eh bien, j'ai vraiment besoin de candeur, de fraîcheur, de blanc, de neige! Je me suis tellement brûlé, je me suis tellement sali...

— Oui, dit Diomède, le péché est une morphine ; on meurt de ses piqûres et on meurt de l'absence de ses piqûres. Il vaut peut-être mieux mourir agréablement.

— Mais je mourais bêtement avec la sensation de m'enfoncer dans la vase mouvante d'un marais... Un jour je lisais des pages de Hello. L'émotion dominait le sourire, je me rêvais, je méditais... Enfin j'ai été foudroyé.

— Saint Paul, saint Cyran, comme dit Cyrène.

— Peut-être... Que devient-elle ?

— Rien de bon, dit Diomède. Elle s'ennuie et vous aime toujours.

Cyran reprit, sans insister :

— Moi, je suis très heureux, je vis en paix, je me roule dans la neige et dans le blanc d'argent, je ne crains Cyrène ni aucune femme et je peins des fresques sur les murs d'une église toute nue. J'en ai pour vingt ans ; je mourrai là si on veut m'y faire un lit de paille et de cendre, quand viendra mon heure. Adieu.

« Comme il est parti brusquement ! Il a peur que je lui parle de Cyrène, songea Diomède. Cyran a peur. Pascase a peur. Et moi ? Moi aussi, j'ai peur. Moi ! Oui, moi. J'ai peur de la femme qui m'a ému, de la femme que je désire, de la femme que j'aime. J'ai peur de la seule, j'ai peur de la vraie. Hier, Pascase parlait comme je pensais. Et maintenant, Cyran !.. Il n'y en a qu'une... C'est peut-être la même, diversifiée selon les formes d'âme et de chair qui doivent s'adapter comme une cuirasse — ou comme un cilice — à la rébellion de nos poitrines... Oh ! quand j'ai vu ses yeux bruns me regarder si doucement et si impérieusement !.. Non. Je veux jouer avec la vie, je veux passer en rêvant; je ne veux pas croire ; je ne veux pas aimer ; je ne veux pas souffrir ; je ne veux pas être heureux ; je ne veux pas être dupe. Je regarde, j'observe, je juge, je souris.

Mais Pascase, mais Cyran ? Pourquoi ont-ils peur ? Pascase a peur de l'inconnu, et Cyran, du connu. Moi ? j'ai peur de m'agenouiller, voilà tout.

Ah ! Christine, Mauve, Fanette, sauvez-moi !

Assez ! D'ailleurs je puis la nier en n'y pensant pas. Demain, Fanette. »

Mais toute sa soirée, traînée en des rues noires ou sous des arbres morts, il pensa à Néobelle. C'était une jeune fille forte, pleine de sève et de volonté, aperçue un jour, déjà loin, et aussitôt aimée, tristement jolie dans la semi-nudité d'une robe de bal et presque abandonnée, à cause de la sévérité de ses yeux bruns et de la maturité d'un corps dont la puissance contrariait l'idée légère et douce que les hommes se font d'une vierge. Elle eût été adorée sur un théâtre parmi l'exaltation mesurée des vers tragiques que son bras un peu lourd pouvait scander avec certitude. De plain-pied, sur les planches d'un salon, elle semblait exilée comme un hortensia trop somptueux dans l'enclos d'un jardin de pauvre. Vraiment, sa richesse faisait peur et les désirs mouraient d'une tension presque douloureuse devant la vision vio lente du dôme géminé des reins, du ventre au fier promontoire d'or, des seins fleuris durement de bronze et de pourpre, des épaules salées de girofle, pareilles à ces roches de marbre blanc surgies d'entre les lavandes, les thyms et les menthes, sous la rousseur opulente des genévriers. Elle était rousse, et sombre par une peau mate qui buvait toutes les lumières et ne rendait qu'une nuance chaude et riche de rose jaune.

« La nier ? reprenait Diomède. Elle est indéniable. La fuir, tout au plus. La fuir ? Son nom seul, et je la vois nue, femme, muette, souriante, et si elle respire, si ses seins se tendent comme des voiles, le navire m'embarque et m'emporte vers les hautes mers et les vieilles îles de la félicité charnelle. Mais elle n'est pas la chair stupide qui jouit des joies de la bête et se retire et s'en retourne au pâturage ; il y a de la grâce et de l'intelligence dans sa majesté animale : elle est douée du sourire.

Elle sourit sérieusement. Elle est sérieuse comme une divinité. A genoux. Non, ni devant les hommes, ni devant les femmes. J'offre ou j'accepte. Il y en a tant, de ces yeux de bonne volonté et des corsages qu'un regard dégrafe. Idoles qu'on touche sans préambule et sans peur, — et tellement toutes pareilles à celles qui s'enferment sous des vitrines ! Naïveté de se vouloir volée par le bris d'une serrure qu'une larme force ou d'une glace qu'une prière étoile...

Je ne veux ni prier, ni pleurer. Je porte mon désir et mon désir me porte. Nous irons longtemps et loin, fardeau à chacun notre tour, vers rien, vers l'oubli, vers le silence et peut-être la paix.

Elle me trouble. Je ne veux pas que l'eau du lac se moire de bulles crevées : cela me gêne quand je regarde, parmi les cailloux verts et les herbes, le jeu des bêtes noires qui sont mes pensées bien-aimées.

Inquiet, triste et libre, plutôt qu'heureux par l'abandon de mes mains ! Ses cheveux pourtant feraient de belles cordes, doux comme la soie, fortes comme le chanvre...

Non. Jouer avec Fanette.

M'amusera-t-elle encore ? Christine, hier, m'aurait peut-être déçu ! Cyran m'a glacé. Acquérir cette âme de brume et de neige quand on a été

Cyran, l'homme des paroles brèves, des gestes nets, des yeux secs. Changer, c'est peut-être déchoir. »

III

LA CEINTURE

> L'Art désire que les femmes nues soient ornées d'une ceinture.

Quand Diomède entra, Fanette, nue, fraîche, tout adamique, les cheveux sur le dos, se promenait méditative, lisant à mi-voix un livre doux. Ayant baisé la bouche de son ami, bien cordialement, elle mit comme signet au livre doux un ruban de jarretelle qui traînait sur le divan, puis, d'une voix languide, dit :

— O Diomède ! Si vous saviez comme je suis mystique !

— Il faut mettre une ceinture, Fanette, c'est plus chaste et aussi l'art désire que les femmes nues soient ornées d'une ceinture. Le signet du livre fera très bien. Là. Cela suffit, avec ce petit camée pour fixer l'attention de l'œil. Le nombril est le centre esthétique. La Nature l'ignore, mais l'Art le sait; conformez-vous par artifice aux Nymphes de Jean Goujon : elles sont très belles. Maintenant, des pantoufles à hauts talons. C'est bien mieux ; cela allonge les jambes. Une femme nue, avec ces notions, peut acquérir une attitude presque aussi agréable que celle des fines statues de jadis. Des jambes et pas de ventre ; des hanches et pas de seins. C'est la nymphe. Les femmes, à l'état de nature, ont toujours l'air de relever de couches.

— Non, dit Fanette, tout cela m'ennuie, je vais me vêtir. Je ne m'aime que vêtue ou nue comme un ange.

Elle s'enveloppa d'une large robe, noua une cordelière et sage vint s'agenouiller près de Diomède, qui lui caressait les cheveux.

— Comme vous avez les cheveux fins, Fanette! Comme vous êtes fine et pure! Heureuse âme!

— Oui, je suis très heureuse. Mes amis ne sont pas tous aussi doux que vous, Diomède, mais leur fidélité me plaît et me rassure. Je vis avec joie, rosier que l'on respire, que l'on dépouille et qui refleurit toujours, plein de bonne grâce. Je suis très heureuse. Et puis j'aime Diomède et Diomède m'aime.

— Oui, Fanette. Tu es une si innocente enfant, et une chair si légère!

— Que veux-tu dire?

— Une chair d'oiseau qui vole à tout plaisir, à toute musique, à toute lueur, à toute picorée, d'oiseau ingénu et libre...

— Tu es un peu jaloux, Diomède?

— Oui, un peu.

— Moi pas du tout, Diomède. Je me donne à toutes les lèvres qui me plaisent, naïvement, presque sans le faire exprès. C'est pour cela que je vis si en joie. Rien ne me force; nul ne me contraint; je marche doucement vers toutes les fleurs, comme le long des sentiers d'une vaste forêt; et s'il vient des bêtes, je grimpe à un arbre; et si je suis mangée, dame! que veux-tu, Diomède, est-ce que toutes mes méchantes petites sœurs ne seront pas mangées aussi, un jour ou l'autre? Parfois, en me promenant, je pense à des choses loin, à des recommencements, à des coupes fraîches que d'invisibles mains tendent vers les bouches ardentes, à des fruits qui tombent, à des baisers qui rôdent, à des chansons qui jouent, à des agneaux, à des fontaines, à une odeur d'amour éternel qui parfumerait la terre. Je sais bien que je ne suis qu'une petite prostituée, mais j'ai un cœur de petite Madeleine et quelquefois, Diomède, ne ris pas, une âme de petite fiancée. Cela fait un bouquet très doux. Je suis heureuse comme un ange.

Et vraiment, maintenant, allongée sur des coussins, sa chair emmaillotée de rose, ses longs cheveux fins et clairs répandus comme des rayons sur ses épaules, les joues rosées par des reflets, les yeux naïvement bleus, Fanette avait l'air d'un ange tout jeune, étonné de la vie, l'air à la fois somptueux et frêle.

Diomède voulut lui baiser les pieds, tant elle était gracieuse et divine, et, comme ses lèvres se posaient sur la nacre froide, il songea, un peu bêtement :

« La morale a fauché toute la joie humaine.

Fanette est heureuse parce qu'elle ignore la distinction du bien et du mal... »

Selon son habitude, il avait pensé trop vite ; il se reprit :

« C'est un peu gros ; il faudrait expliquer cela, le nuancer. »

Fanette, chatouillée, se mit à gigoter comme un enfant dans son berceau. Elle se leva, s'alla regarder à la glace, faisant de la lumière avec ses cheveux. Apercevant le livre posé sur la cheminée, elle dit :

— Ecoutez : « De cette douceur naît la volupté du cœur et de toutes les forces corporelles, en sorte que l'homme s'imagine qu'il est enlacé intérieurement dans les replis divins de l'amour. Cette volupté et cette consolation sont plus grandes et plus voluptueuses pour le corps et pour l'âme que toutes les voluptés accordées par la terre. Cette volupté liquéfie le cœur au point que l'homme ne peut se contenir, tant est grande la plénitude de la joie intérieure. De ces voluptés naît l'ivresse spirituelle. L'ivresse spirituelle se produit lorsque l'homme éprouve plus de délectations et de délices que son cœur ou son désir n'en peuvent désirer ou contenir. » Eh bien, Diomède, moi aussi, la pauvre Fanette, à des heures de bonne solitude le matin, s'il y a du soleil et des fleurs autour de moi, je ressens à vivre une joie si forte que mon cœur se déchire, et je pleure. Les bruits me sont une musique ; les odeurs, une ivresse ; et je reste ainsi longtemps, pâmée dans une volupté surhumaine... Me croyez-vous, Diomède ?

— Pourquoi ne seriez-vous pas visitée par l'infini ? Vous êtes bénie, parce que vous êtes pure et douce et Dieu vous rend l'amour que vous donnez aux hommes.

— Cela n'est pas d'accord avec le livre, dit Fanette, songeuse. Je suis charnelle comme une chèvre. Je ne comprends pas.

— Il ne faut pas trop vouloir comprendre, reprit Diomède. Moi, un jour, vers le soir, après un long travail, j'eus une sorte d'extase, je sentis un soulèvement surnaturel et je vis une lumière infiniment brillante qui me parut être le centre du monde. Puis je retombai dans mon humanité. Et c'est tout.

On apporta une grande corbeille de violettes roses. Alors, ils jouèrent, excités par ce parfum de vie, cherchant les sensualités les plus fines, les caresses les plus délicates, les baisers les plus rares. Dans les querelles voluptueuses Fanette prenait vraiment l'air sérieux et inquiet d'une chèvre. Toute remuante et agitée de frissons, elle ne souriait jamais et ses yeux s'emplissaient profondément d'une joie surhumaine, puis soudain, elle éclatait de rire, puis longtemps elle chantait, la bouche close, ainsi qu'un violon magique.

Diomède oubliait toute autre sensation à écouter le murmure mystérieux de ce corps pur, blanc et rigide qui ne semblait plus vivre que dans le lointain des songes.

Réveillée, elle fut aussitôt joyeuse, s'habilla, prise de pudeur, voulut manger, boire, fumer, s'amuser à des bibelots, à des images, pendant que Diomède admirait une créature si divinement animale. A ces moments il l'aimait avec délices, ému par tant de vie, tant de grâce et tant d'ingénuité.

Il songea :

« Elle me mène loin de « la cabane d'anachorète

avec son toit de chaume et peut-être de roseaux ». Si différente de Christine, elle est faite aussi pour être aimée. »

Rassasié de la chair de Fanette, il désira Christine, la vit se déshabiller lentement, presque modeste, surgir droite, fière, muette. Puis par excès de contraste, il lui sembla qu'un plaisir plus aigu lui serait donné par une possession presque furtive, un corsage à peine entr'ouvert, des jambes fleuries de dentelles et de rubans, des étoffes criantes. Enfin il se comprit fatigué et stupide, se leva, demandant :

— Fanette, chère enfant, quelle idée vous faites vous du mysticisme?

Fanette répondit :

— C'est quand l'amour est plus fort que tout.

Diomède, rentré chez lui, se répétait encore la touchante réponse de la candide Fanette.

IV

LE JET D'EAU

> Les jets d'eau que je regarde
> redescendent toujours.

La mise au tombeau, de Michel-Ange : ce Christ soutenu par les épaules et qui semble marcher, et qui semble aussi sortir d'un mauvais lieu, et on le porte à son lit, tout nu, dépouillé par des voleurs, ce Christ, non pas mort, mais ivre d'être mort...

Il avait passé toute l'après-midi rue Bonaparte, dans ces petits musées miraculeux riches de toute l'essence de l'art, des heures penché sur les albums, et maintenant, exténué, il s'arrêtait, tenace sous les bousculades, devant cette image absurde, laide et terrifiante, de pensée trouble et peut-être impure. Cela avait l'air vraiment d'une parodie et même d'une parade, mais si tragique et si lamentable, disant comme par des hoquets l'horreur moins de mourir que d'avoir vécu, l'étourdissement de l'agonie, et nulle certitude que le tombeau dont la bouche s'ouvre. Ce Christ ne ressuscitera pas.

Diomède acheta le carton, peu offert aux yeux du public qu'il ennuierait, comme tout ce qui veut être lu deux fois, entendu deux fois, regardé deux fois. Il y a bien toujours deux mondes, car rien n'a jamais changé ni ne changera jamais, le monde de la plèbe et le monde des initiés.

Voyant venir Pascase, il ajouta volontiers :

« Et le monde des catéchumènes. »

Fort agité, Pascase hochait le tête, remuait les bras, haussait les épaules. Enfin, il parla, s'emportant contre les statues bariolées dont il venait d'apercevoir sur son chemin des spécimens nouveaux et fraîchement peints. Il y mena Diomède aussitôt, mais l'indignation le rendait presque muet et il ne put s'expliquer clairement. Diomède regarda, il vit un saint Jésuite, coiffé d'une barrette à houppe, sa soutane noire rehaussée d'un surplis en dentelles et d'une étole brodée. Il était debout, dardant un crucifix de vieil ivoire, avec le geste de bénir les étoiles, et, la main gauche sur la hanche, le pied chaussé d'un élégant soulier à boucle d'argent, il écrasait un dragon chinois.

Devant cette œuvre d'un symbolisme clair et méritoire, Diomède ne fut ni surpris ni contristé.

— Cela vous semble hideux, parce que c'est peint et tout neuf, mon cher Pascase; mais nu, sans être moins laid, cela serait tout pareil aux turpides marbres que vous voulez bien goûter chaque printemps. L'art de Saint-Sulpice n'est pas autre chose que l'art officiel d'aujourd'hui mis, au moyen de quelques touches ingénieuses, à la portée des classes pauvres et dévotes. Depuis quatre siècles la Religion, devenue prudente, s'est pliée docilement aux goût successifs qui ont régné sur le monde. Elle suit, elle obéit. Soyez sûr qu'elle est même incapable d'inventer une laideur nouvelle. Ce genre, qui vous effraie, est un compromis fort sage : c'est la statuaire du jour soumise à la tradition polychrome. Pour faire mieux, il faudrait du génie; mais le génie, c'est le nouveau, c'est l'indiscipline, c'est le feu... Oui, il faudrait le feu, un grand feu purificateur... Croyez-vous que cet art de paysan riche soit bien inférieur aux bronzes déments qui agitent leurs antennes le long du Luxembourg, ce musée des indigents ? Chaque groupe social se fait un idéal particulier de beauté et de puissance incompréhensible pour les autres. Plus haut, lorsqu'il s'agit d'individus et non plus de castes fourmilières, d'intelligence et non d'instinct, l'accord des goûts et des jugements est pareillement rare, et se réalise plutôt sur des mots que sur des idées. Cette petite découverte m'a incliné à l'indulgence, — et j'admets la beauté de cette Vierge sacristine, puisqu'elle est la Beauté pure pour tant de cœurs doux et pour tant de simples esprits...

Diomède ajouta, après un petit rire mystérieux :
— Mon ami, l'indulgence, c'est la forme aristocratique du dédain.
Puis encore, comme intérieurement :
— Oh! que c'est difficile!

Mais Pascase, n'ayant pas très bien compris, commença son discours :

— Je ne puis pas dédaigner ce qui me blesse. Il s'agit de ma religion ou, en somme, de la seule religion qui me soit offerte sous ces climats stériles. Elle m'appartient, à moi, tout comme au séminariste innocent dont le cœur brûle, cierge pâle. Pour cortège au supérieur idéal, je puis exiger la suprême beauté ; écraser ces larves, briser ces masques qui me la dérobent. Ils ont le droit d'être infâmes, ils n'ont pas le droit d'être médiocres. Diomède, votre hypocrite indulgence...

— Pascase, pourquoi me voulez-vous hypocrite ? Je n'ai pas l'esprit violent, mais seulement un peu vif. C'est cette vivacité que je voudrais dompter, amollir, plier à de nouvelles formes d'expression intellectuelle. Il ne faut pas chercher la vérité ; mais devant un homme comprendre quelle est sa vérité. Vivre en dehors, vivre au-dessus ; juger mentalement ; sourire ; parler, comme un ami à plusieurs langues, plusieurs langages ; ami à plusieurs âmes, communier à plusieurs tables sous toutes les espèces humaines. Se garder intangible mais, ayant écouté tous les murmures, y répondre par toutes les paroles...

Pascase regarda son ami avec peur. Il y avait un tel contraste entre la vie de Diomède et sa pensée, un désaccord parfois si aigu entre ses mots et son rire, entre ses gestes et ses regards, que Pascase hésitait entre les deux chemins, puis s'éloignait, sans oser choisir. Grand, brun et clair, avec une ombre de barbe sèche et drue, de grands bras coupants, des mains fiévreuses, Pascase qui avait l'air, dans la vie, d'une force perdue, raisonnait selon une logique trop loyale et trop réglée, malgré des éclats, pour suivre volontiers en leurs courbes et leurs nœuds, les imaginations compliquées de son ami. Il l'aimait avec une sorte d'admiration fuyante et timorée et l'air véritable de protéger physiquement ce nerveux et fragile Diomède, au teint pâli encore par des yeux ardents et qui semblait parfois chanceler sous le poids d'une lourde tête de moine, glabre et tondue. Ayant préparé une réponse, il fut dispensé de la dire; un geste de Diomède ramenait leur causerie à son point de départ. Pascase en fit l'aveu avec sincérité. Cet alignement de bronzes capricants, mâles furieux et frénétiques femelles, dépassait en laideur les plus tristes étalages d'idoles, au moins calmes et presque dignes dans leur torpeur de caricatures sacrées. Ils n'entrèrent pas dans la baraque, allèrent sous les arbres, parmi l'innocence animale des joueurs de paume, la sauvage douceur des enfants et des oiseaux, la sérénité des fleurs, enfin s'arrêtèrent devant un jet d'eau.

Assis, ils écoutaient, puis ils regardaient.

— Les jets d'eau que je regarde, dit Diomède, redescendent toujours; mais ceux que j'écoute parfois se taisent. Ils n'ont pas la pudeur du geste; ils ont celle de la parole. Il faudrait les comparer à des femmes amoureuses. Cela ferait une jolie dissertation. J'y ai convié Tanche qui a du goût. Le jet d'eau, quel joli prétexte à faire valoir la grâce de nos derniers poètes ! Depuis Verlaine, que de sanglots dans les vasques ! Ne serait-ce point charmant et ingénieux de classer les poètes d'après les idées ou les images évoquées en eux par le frêle et mystérieux jet d'eau ? Tout cela mêlé d'une petite histoire de l'hydraulique sentimentale des jardins, depuis Pétrarque et la fontaine de Vaucluse, — qui certainement était un jet d'eau... Qu'en pensez-vous ? Encouragez Tanche.

A ce moment, comme une conclusion, dernière page d'album et image vivante, Mauve se présenta. Sans rien dire, arrêtée soudain, elle prit les mains de Diomède et les baisa d'un même baiser avec une dévotion sensuelle, puis elle dit, répondant d'avance à toutes les questions des yeux et des lèvres :

— C'est Mauve.

Pascase salua, non sans cérémonie. Alors Mauve éclata de rire.

Diomède expliqua :

— Ne soyez pas effaré, Pascase, Mauve s'appelle aussi le Rire. Elle rit parce qu'elle ne vous a jamais vu. Mauve rit comme un enfant devant tout ce qui est nouveau pour elle. Mauve vous aime déjà, vous sachant mon ami.

Elle répondit, faisant des yeux d'animal doux :

— Mauve est très sérieuse, même quand elle rit. Mauve a le droit de rire, étant jeune, belle et bonne. Mauve est très bonne, et aussi très méchante, quand on la contrarie, et très laide quand elle pleure. Mauve aime Pascase, si Pascase veut être aimé.

— Vous entendez, Pascase ? Et quel beau langage ! Mauve parle toujours de soi à la troisième personne, comme d'un être important, précieux et rare, avec la gravité d'un grand sachem. Le rire, c'est avant ou après, car Mauve estime son génie et ne le dévoile qu'avec grâce.

Pendant qu'elle écoutait, un peu inquiète, ces équivoques compliments, Pascase regardait avec plaisir la jolie créature, jeune fleur, riche de tous les charmes de la fleur, un peu sombre de cheveux, comme certaines ancolies, et le corselet gonflé comme un pavot plein de lait. Il souhaita de pouvoir l'emporter dans ses bras jusque vers un pays très loin et de la coucher dans la menthe fraîche, au bord d'un ruisseau, sous des saules. Alors elle riait de faire mousser l'eau courante avec ses doigts menus, puis à genoux et grave, elle disait : « Mauve aime Pascase. »

A ce moment, Mauve se mit à rire vraiment, faisant avec les dentelles de son mouchoir presque les gestes qu'il avait rêvés. Il écouta, mais n'entendit rien. Elle se penchait à l'oreille de Diomède. Déçu, Pascase songea que Christine devait être bien plus belle et d'un parfum plus pur. Il découvrit aussitôt une vulgarité dans l'élégance florale de Mauve : sa robe était toute pareille à d'autres robes qui passaient.

Elle avait dit tout bas à Diomède :

— Pascase plaît à Mauve.

Diomède répondit :

— Mauve est une petite coureuse.

Et, tout haut :

— Pas de confidences. Je veux bien deviner ; je ne veux pas savoir.

Il ajouta :

— Où allait-elle, si vite ?

Elle répondit d'un trait :

— Voir Tanche, qui devait me présenter à Cyran pour qui je vais poser une tête d'ange dans un tableau d'église.

— Mauve sera un ange, dit Diomède, nous allons la conduire à Cyran. Venez-vous, Pascase ?

Ils s'en allèrent, Pascase devant, muet et humilié. Mais Diomède ne put souffrir cela, et voulut Mauve au bras de son ami, qui se redressa innocemment et parla. Mauve l'écoutait avec des mines pieuses, toute sa figure retournée, comme pour lui boire les mots sur la bouche, et Diomède s'amusait de ces jeux sexuels.

.

Cyran était seul. Tanche, qui arrivait par une autre porte, voulut gronder Mauve. Elle se mit à rire, puis à dire, droite devant Cyran :

— C'est Mauve.

Cyran la regardait déjà, comme regardent les peintres, avec cet œil froid et sûr qui dévêt, palpe et mesure. Il la pria d'ôter son chapeau et d'ébouriffer un peu ses cheveux. Ayant songé un instant, il dit :

— Je les ferai en or vert, en or à reflets d'émeraude... Des cheveux surnaturels, des cheveux divins, des cheveux qui respireront comme l'herbe des prairies... Et sous le vert sombre de cet océan, d'invisibles renoncules donneront à la couleur une odeur... Oui, une odeur d'or charnel... des cheveux tranfigurés... Tout le nu en ombre claire sous la longue robe d'air... La tête est belle.

Mauve voulut, selon sa mode, baiser la main de Cyran, mais le vieux peintre calma tout désir d'un geste presque de bénédiction, disant des mots obscurs :

— L'art est exorciste... Les yeux seuls connaissent la beauté... Il faut être blanc, tout blanc... Rendre l'invisible par le visible... A peine... Des songes sous des voiles... A peine, à peine...

Il parla longtemps, les yeux fixés sur Mauve, et tous regardaient Mauve. Au centre de ces effluves, parmi ces hommes qui la respiraient, Mauve s'épanouissait, exhalait tous ses parfums ; sa peau se rosait, ses yeux éclataient ; elle s'exaltait à l'état radiant.

Chaque parole de Cyran lui arrivait au cœur comme une flamme, comme une petite volupté qui se gonflait, s'écoulait, passait dans ses membres. Sa chair toute chaude fermentait, offerte aux mains qui pétrissent la pâte... Cyran tout à coup sentit cette oblation violente ; un éclat de désir lui traversa les reins, flèche de feu rapide et douloureuse. Alors il se tut, crispant sur le marbre sa longue main maigre.

Mauve, au contraire, s'amollissait maintenant, fondait. Sûre d'avoir blessé, elle baisait la plaie, souriait avec la fierté d'un enfant heureux. Cyran lui donna rendez-vous à son atelier. Alors, feignant de s'intéresser aux heures, les yeux oscillant de sa montre à l'horloge, elle se leva et disparut après un salut et trois petits signes de tête.

Comme ils s'en revenaient, Diomède dit à Pascase :

— Mauve est un pacha. Vous avez vu la scène de fascination ? Elle prend qui elle veut. Ah ! Mauve nous donne un bel exemple de franchise et de liberté! Elle n'est pas domestique; la niche ne l'a jamais domptée ni même engourdie. Elle marche. Elle a des jambes admirable, des jambes de femme qui marche, qui court après le plaisir, des jambes si différentes de celles qui attendent ployées ou couchées!

— Elle est simplement luxurieuse, dit Pascase.

— Sans doute, Mauve est luxurieuse et c'est ce qui fait la beauté de ses jambes. Luxurieuse? Elle est la luxure même, la luxure active, consciente, presque raisonnée. Elle aime l'acte pour lui-même, pour ce qu'il comporte de mouvement, de vie, de sensation immédiate. Pourtant, vaniteuse, elle choisit moins ses amants pour leurs attraits sexuels, que pour leur nom ou leur esprit. Je la crois très heureuse; elle mérite de l'être.

— Vous avez l'air de l'aimer beaucoup?

— Beaucoup, répondit Diomède. Elle m'est un spectacle charmant, instructif et moral. Oui, moral. Mon ami, dans le petit monde où je vis et que j'ai contribué à créer, la morale ne s'entend pas sur le mode ancien. On estime que l'être le plus moral est, non pas celui qui subit docilement la loi, mais celui qui s'étant créé une loi individuelle, conforme à sa propre nature et à son propre génie, se réalise selon cette loi, dans la mesure de ses forces et des obstacles que lui oppose la société. Mode nouveau, mais plutôt retrouvé et reconstitué avec quelques éléments inédits, car c'est en somme le principe de la morale religieuse, pour laquelle l'âme, (c'est-à-dire l'individu, l'être indéchirable et imbrisable), existe unique et sacrée. Cette morale est très détestée des Etats, qui la punissent et des historiens, qui la réprouvent. Ils ont raison : elle tend à détruire l'autorité, car on comprend mal l'autorité physique qu'une âme peut avoir sur une âme. Or, considérez, Pascase, que le corps n'est que la manifestation visible de l'âme, ainsi extériorisée selon son pouvoir de créer la matière et les mondes ; oui, les mondes, et représentez-vous le petit monde que vous êtes, si fermé, même à moi, si impénétrable à mes idées et à mes imaginations. Vous riez, que je voulusse jamais vous imposer une doctrine, et vous jugez le monde sur celle que vous impose la force. Si j'étais le plus fort, Pascase, vous penseriez comme je pense. Prenez-vous donc vous-même pour commune mesure, ainsi que les colporteurs encore, justes et sages, aunent le drap à l'aune de leurs bras. Je crains, mon ami, que vous n'ayez aucune religion ; sans quoi vous comprendriez mieux votre importance dans le plan général de l'univers, et quelle place vous tenez, plus grande que les sociétés, que les Etats, que les peuples, — car les mots sont des mots et l'homme est un homme. Tout cela à propos de Mauve, la petite coureuse! Pourquoi pas? Elle fait ce qu'il lui plaît : il faut l'admirer. Si l'infini est contrarié par sa conduite, il en informera Mauve un jour ou l'autre. Il parle bien à Fanette!

Et Diomède laissa éclater le petit rire obscur, dont il concluait volontiers ses discours. Mais Pascase, grave, demanda :

— Diomède, êtes-vous prêt à aller jusqu'au bout de vos théories?

Diomède répondit :

— Jusqu'au bout? Non, pas aujourd'hui. Il y a trop loin.

V

LE BOURDON

> Je serais un gros bourdon, tout de velours, qui s'enfonce et disparaît dans une clochette de digitale.

Mardi, 13 mai.

« Diomède, mon ami, vous êtes pareil aux autres, vous avez peur, vous aussi. Pourquoi depuis si longtemps ne vous ai-je pas vu chez moi, ou dans ces maisons amies si hospitalières à nos vaines causeries? Oui, nous sommes deux moissonneurs qui doivent se rejoindre dès le point du jour pour faucher l'ivraie triste ou ces frauduleux épis d'orge dont les grains sous la main s'en vont en poussière. Poussière qui contient un principe inconnu de vie et de rénovation, poussière inutile aux moisonneurs, mais plus riche peut-être en mystères que les blés les plus lourds et les farines les plus pures. Est-ce moi qui vous fais peur, ou tant de vanité? Mais qui sait celle qui sera belle entre nos paroles, féconde entre nos actions? Peut-être les plus méprisées. Et peut-être que la face des choses va être changée, parce que vous avez cueilli pour mon corsage une fleur le long de votre chemin. Pouvez-vous mesurer la puissance de mon sourire, même équivoque, et si mon épaule est blanche ne serez-vous pas content, plus fort et plus courageux? Vous est-il donc impossible de me baiser la main si doucement que j'en sois émue et prête à monter au ciel ?

» La vanité essentielle de nos relations, je veux la maintenir. Laissons les épis pleins de sang à ceux qui mourraient d'une autre nourriture. Etes-vous rassuré, de n'avoir qu'à papillonner sur des fleurs? Car, je le sais, j'ai l'air d'une impudente dévoratrice, moi qui suis la plus innocente des vierges. Ma puissance charnelle échappe à ma volonté; elle est toute en parfum; je suis candide comme le lilas ou comme l'encensoir, et naïve au point d'être sans pudeur corporelle. Voulez-vous me voir nue?

Vous verrez une statue, comme il y en a dans les musées.

» J'ai cru deviner que vous aviez peur d'être mangé par la lionne, pauvre héros si précieux ! Ne tremblez pas. Je n'ai pas faim. Je n'aime que vos paroles et votre air d'être supérieur même à votre peur. Il m'est agréable de vous écouter. Vous racontez ce que vous ne ferez jamais, et peut-être êtes-vous capable de faire ce que vous ne dites pas. Vous êtes chimérique et juste assez hypocrite pour paraître mystérieux. Cela me plaît. Je rêve sur vous, n'ayant rien à rêver sur moi. Le harem que vous avez dans la tête m'admet derrière une fenêtre grillée. Je regarde sans rougeur et sans émotion : les gestes que je vois me paraissent obscurs et je ne cherche pas à lever le voile que vous tendez sur les autres. Ne me croyez pas offusquée par ces jeux et la nudité de toutes ces nageuses ; seulement, je n'entrerai pas dans votre fleuve et je ne vous convierai pas à venir vous baigner avec moi au petit lac secret et sacré où je lave mes genoux et mes péchés.

» Voilà donc, ami, deux ou trois belles pages

comme vous les aimez (j'espère) de tulle brodé avec le plus grand soin, à votre intention, et à mettre dans un tiroir sous un sachet à l'héliotrope blanc (ou bleu); ensuite, nous allons mieux nous comprendre, et même je vous dirais tout ce que je pense, si mes pensées m'étaient plus dociles.

» Mon cher Diomède, il faut vraiment que je vous aime beaucoup ou bien que j'aie grande foi en votre loyauté, ou bien que je vous sache trop timoré (ou trop fier), pour profiter d'un aveu, ou encore que j'éprouve un plaisir tout féminin à m'humilier devant vous; mais vous le saurez: je vis dans une solitude d'âme toute pareille à la mort. A certaines heures, je suis une jeune fille qui s'ennuie, seule à mi-chemin sur la passerelle, également loin de la poupée qu'elle méprise et de l'homme dont elle a peur. Car moi aussi j'ai peur, non de vous, quoique, peut-être comme vous, du voleur connu ou inconnu. C'est une phase qui peut durer et se consolider, si l'on y met le ciment de la dévotion intellectuelle et que le mortier prenne et dure.

» Il prendra sur moi, qu'on le veuille. Moi, je voudrais vivre avec un esprit dans une intimité fraternelle et profonde. Je serais un gros bourdon, tout de velours, qui s'enfonce et disparaît dans une clochette de digitale, puis repousse la porte et sort tout poudré d'or. Quelle belle occupation pour le printemps de ma vie, sortie de la soie des cocons où je fis en secret ma métamorphose ! Il s'agit d'un être inutile, de ceux que l'on appelle inutiles et pareils aux folles avoines ; vous voyez donc que je n'estime pas trop la fonction que je me suis dévolue ; à moins, Diomède, qu'il ne soit très agréable de sentir le gros bourdon de velours butiner dans les cloches de son cerveau. Je ne sais, mais ensuite je serais plus belle, tout éclatante de la poussière dorée qui fleurit les palais de l'intelligence.

» Ce rêve fait, et défait, j'ai songé qu'il serait plus séant de prendre un amant. C'est assez conforme aux usages et aux bonnes mœurs. Je l'aimerais peut-être ; il paraît qu'on a de ces surprises. Alors, toute à la chair et aux plaisirs particuliers qu'elle engendre, je plierai mon esprit aux images et mes membres aux gestes les plus propres à suractiver l'épanouissement parfait de l'instinct sexuel. Est-ce bien ma vocation? Je l'ignore et je vous consulte, Diomède. Aussi sur ce doute, que peut-être ces deux routes ne sont pas des ennemies tout à fait irréconciliables, qu'elles se coupent peut-être, çà et là, sous les arbres de la forêt, comme dans ces labyrinthes qu'on voit peints au seuil de vieux livres. Des hommes m'ont dit qu'ils voulaient trouver une double joie dans la femme, une nourriture et un breuvage, qu'elle fût un fruit. Mais ceux-là, que seraient-ils pour moi et que me donneraient-ils? Ils demandent trop. Je veux réserver la moitié de moi-même, — laquelle? Vous qui ne désirez ni l'une ni l'autre, ayant peur que l'une empoisonne votre volonté et que l'autre paralyse votre force, donnez-moi un conseil, désintéressé comme votre génie, et qui tombe de haut, pierre que le vent détache d'un clocher.

» Cependant j'ai peur que vous n'encouragiez ma solitude. Vous jugerez que l'orgueil me convient, qu'il doit me gonfler le cœur en même temps que me fermer la bouche ; éloigné de moi, je dois vous plaire éloignée des autres. Il ne faut pas que les yeux qui vous semblent hautains s'adoucissent même vers des rêves, ni que le ciel du désir entre par ces fenêtres ; vous les voudriez closes, ou leurs vitres dépolies par quelque mousseline ; enfin, que je sois virginale. Ne suis-je pas virginale, étant vierge ?

» J'ai tout prévu et j'attends.

» Votre amie,

» Belle.

» P.-S. — Ne me répondez pas. J'ai besoin de vous revoir avant de vous écouter. Venez samedi chez Cyrène. »

Mardi, 13 Mai.

(Télégramme)

« Ne lisez pas ma lettre et rapportez-la-moi cachetée samedi chez Cyrène.

» Néo. »

Diomède trouva les deux papiers le soir assez tard, en rentrant chez lui. Ayant lu le bleu, il s'apitoya sur l'autre. Pauvre lettre ! Elle était lourde.

« Si je ne la lis pas, qui la lira ? Il faut lire les lettres. Une lettre qu'on ne lit pas est absurde, comme les mots dits trop bas et qu'on n'a pas entendus. Il y a dedans toute une journée, peut-être toute une nuit de femme. Que me veut-elle ? C'est la première fois qu'elle m'écrit autre chose que de brèves phrases sur des cartes. Néo, la nouvelle, l'inconnue, la tentatrice. Peut-être qu'elle se dévoile un peu ou qu'ayant voulu trop serrer l'étoffe autour des reins, elle a modelé ses formes, croyant les mieux cacher. Peut-être qu'en lisant le contraire de ce qu'elle a dit, je connaîtrai un peu de son âme. Si peu ! Mais pourquoi cette défense, ce retour, ce geste vers la bouche où la lettre vient de tomber, cette impatience de la main qui voudrait reprendre ce qu'elle vient de donner ? Que peut-elle me donner, des pages de littérature ; m'offrir, elle-même ? Absurde, elle est fière. Mais elle sait que je la crains et peut-être veut-elle jouer et me faire reculer, et, fatiguée de ma lâcheté, me dire adieu et tourner la tête. Si elle me disait des choses douces, tendres et enfantines? Elle n'est pas assez petite fille. D'ailleurs je ne la connais pas. Sur aucune femme je n'ai moins de notions. Je sais seulement qu'elle est belle, qu'elle me tente et qu'elle me fait peur. Pour l'aimer, il faudrait renoncer à tout, c'est-à-dire à l'ironie, sans quoi la vie n'est qu'un pré, vert ou jaune, ou ras selon les saisons et l'appétit des moutons. C'est l'ironie qui diversifie l'unité des choses en multipliant les aspects par la diversité des sourires selon lesquels on les accueille. L'ironie, c'est l'œil à facettes des libellules qui d'une fleur de ronce se fait un jardin seigneurial. Néobelle est un horizon. Elle se dresse comme une montagne ; elle est vraie et il faut la regarder en face avec sérénité.

Oh ! Une montagne ! Un arbre sur la montagne et qui paraît grand parce qu'il est sur la montagne. Un arbre, on l'embrasse ; deux bras y suffisent. Un arbre ! Souvent ce qu'on prend pour un arbre n'est qu'une branche qui pend rompue et que le bûcheron va emporter sur son épaule et couper à coups de hachette et jeter au feu. C'est une branche, c'est un scion, c'est un jet de l'année qu'on brise pour s'en faire un bâton ; c'est une grande ciguë que les enfants arrachent en revenant de l'école, pour la tailler en chalumeau ou en sarbacane.

C'est une grande ciguë...

Que peut-elle me dire ? Elle est là, enclose comme un mystère dans le secret de cette lettre ; je la verrais si j'avais la foi. Je ne veux pas la voir...

Elle est là. Elle est couchée. Elle dort en souriant. Il faut la prendre adroitement et qu'elle ne se réveille que dans la joie ou dans l'horreur d'être prise... »

Il avait déjà passé sous le repli de l'enveloppe la petite lame de vermeil :

« Quatre feuillets de papier blanc, peut-être parfumé ! L'hostie est vide. C'est la messe du diacre. Je lui rendrai la lettre intacte. *Intactam intacta*. L'idée de cette liturgie purement cérémonielle me souffle des jeux de mots latins. Enfant, quel piège banal ! Diomède ou la Discrétion à l'épreuve ! »

Satisfait, il put rire un peu. Il avait moins peur. ouer avec Néobelle, cela serait charmant.

VI

LE SOUCI

> Dans cette quenouille jaune elle
> s'amuse à piquer, tout au milieu du
> front un large souci d'or.

Christine allait arriver...

« Si l'on écrit mon histoire, songea Diomède, il faudra mettre que chaque fois que j'attends Christine, c'est que je m'ennuie profondément. Je m'ennuie comme un Dieu, las de mon univers, solitaire au milieu de ma toile, malgré toutes les petites mouches qui s'y viennent prendre, en somme si toutes les mêmes ! Et les mâles pareillement tout en sexe... Et moi ? Sortirai-je de cette prison ? Pas encore, puisque j'attends Christine. Si peu, et Christine est une ombre si délicate, presque incorporelle à force de chaste silence. Le silence est chaste.

Sortir? Il faut rentrer. On ne peut pas toujours être dehors. Sortir de soi? On doit avoir froid. En soi, on a chaud, on se couche on se roule. Le tapis est épais, les fenêtres bien closes, le feu clair, la lampe douce. Cellule de luxe, mais la luxure frappe à la porte. La définition de l'amour par Spinoza n'est pas absurde : « Titillatio quaedam, concomitante idea causae externae. » Si le bon philosophe ne nous avait prévenus lui-même « qu'il nomme *titillatio* ou *hilaritas*, l'affection de la joie quand on la rapporte à la fois au corps et l'âme », on pourrait sourire ; mais telle qu'il l'a pensée et écrite selon sa langue particulière, elle n'est que trop vraie, cette proposition mémorable; elle est absolue; elle est terrible dans sa banalité toute crue ; et c'est pourquoi j'attends Christine, cause extérieure de joie sans laquelle aujourd'hui je ne puis ressentir aucune joie ; et c'est pourquoi j'aime aussi Mauve, Fanette et... »

Il s'arrêta. Il ne voulait plus penser aux quatre feuillets de papier blanc dont le jeu, deviné trop vite, l'humiliait. Ensuite, comment la nommer, elle, même en pensée, après ces deux petites nudités ? Pourtant il la nomma, mais à part, avec des précautions, après avoir mis un tapis sous ses pieds, le tapis de sa cellule inviolée. Il finit par admettre qu'il aimait Néobelle autrement que Fanette, avec un autre esprit, avec d'autres sens. Il l'admit presque sans peur ; il se familiarisait.

Néobelle le ramena à lui-même. Il songea et s'étonna de vivre si peu et si mal au milieu de tant d'agitations presque sentimentales. Il ne faisait vraiment rien dans la vie que d'aller et venir, regarder, sentir, comparer. C'est ce qu'on appelle rien ; c'est vivre et ce n'est vraiment rien. Comparer des idées, comparer des formes, s'interroger, répondre par des jugements, le lendemain caducs et peut-être faux. Il comprit la vacuité de cette formule : jouir de la vie. Ceux-là seuls jouissent qui n'ont pas conscience de leur jouissance. L'homme heureux n'a que l'air d'être heureux.

« Aller et venir : je ne vais même pas, je tourne. Si je continue à songer, je vais arriver à l'endroit du manège où il y a pendu à un clou cet écriteau : « Regretter de ne pas avoir appris un métier manuel, par exemple à faire des copeaux. C'est propre, ça sent bon, les enfants s'arrêtent pour regarder les dolures sortir de la varlope, etc. » Ainsi, je sais d'avance ce que je vais penser ! C'est fastidieux. »

On sonna. C'était Pascase.

Diomède le reçut volontiers. Il ne pensait plus à Christine, inutile puisque le salut venait d'entrer sous la forme d'une autre créature humaine.

— Avez-vous revu Mauve ?

Pascase répondit brusquement comme fâché :
— Non. Pourquoi ?

— Parce que vous la reverrez. Elle vous a mis dans son album ; elle vous retrouvera, un matin, en feuilletant, et une heure après Mauve sera chez vous, avec cet air radieux et impertinent que vous savez. Avouez qu'elle vous plaît aussi ?

Pascase haussa les épaules. Il était fébrile, tournait autour de la chambre en ayant l'air de respirer des soupçons, la bouche froncée, les yeux inquiets. Enfin il voulut bien s'asseoir et dire :

— Pourquoi me parler de toutes ces femmes, cette Mauve, cette Fanette, cette Cyrène, cette...

Il se tut et Diomède, énervé lui aussi, dit, mais tout doucement :

— Cette... Achevez. Hé, je crois que vous ne les prononcerez pas, les syllabes qui manquent à votre énumération ?

— Non, je ne les prononcerai pas.

— Ecoutez, Pascase, reprit Diomède sur un ton fraternel, je ne les prononcerai pas non plus les syllabes, les deux syllabes qui vous arrêtent; mais je vous le déclare encore, bien qu'elles me soient agréables elles ne me sont pas nécessaires. Supposez que je les ignore.

Pascase répondit, maintenant presque calme :

— C'est moi qui voudrais les ignorer, mais je suis absurde, sans doute malade, je ne peux ni les oublier, ni les prononcer. Peut-être cela va-t-il vous paraître d'une psychologie assez curieuse, je suis venu parce que je sais qu'elle va venir et je veux la voir, je vous en prie, laissez-moi la voir.

— Vous êtes absurde, en effet, répondit Diomède, et pour deux raisons. D'abord vous me dites aujourd'hui tout le contraire de ce que vous affirmiez l'autre jour, avec de grands tremblements. Ensuite, il n'y aucun motif connu de moi pour qu'elle vienne aujourd'hui. Cependant, il est vrai que j'ai pensé à elle et que je l'ai désirée.

— J'ai lu dans votre pensée, dit Pascase. Et si vous pensez à elle, c'est peut-être parce qu'elle pense à vous. Il y a une chance pour qu'elle vienne.

— Et si elle vient, et quand vous l'aurez vue ?

Pascase répondit, avec cette logique froide qu'il maniait facilement, même pendant ses extraordinaires accès de nervosité :

— J'ai réfléchi. Je crois que je l'aime parce que je ne la connais pas. L'ayant vue, elle me déplaira peut-être. Alors je serai tranquille et guéri. Si au contraire, ce qui est possible, elle me séduit, je ne serai pas plus malheureux qu'avant.

— C'est bien raisonné, mais que faites-vous de moi, en toutes ces aventures ?

— Rien. Je vous laisse.

— Cependant je ne voudrais pas me prêter à un

jeu disgracieux, soit de complaisant, soit d'ami méchant. Pourquoi ne prenez-vous pas Christine sans me le dire ?

— Je ne suis pas voleur. Ensuite, comment ? Je ne puis la connaître que par vous. Refusez et tout sera dit.

— Mon ami, reprit Diomède, êtes-vous donc de ceux devant lesquels on doit se taire ? Je vous ai parlé d'une femme et votre imagination d'enfant la voit, et de mâle, la désire comme si elle était celle qui vous est destinée, l'unique ! Pur sentimentalisme ! Vous n'avez donc plus peur, plus du tout ? Elle vous déplaira. C'est une créature faite, à ce qu'il semble, pour moi seul, ordonnée pour mes plaisirs selon les beautés d'âme et de chair qui me séduisent. Ainsi, songez que ses cheveux, fort ordinaires, sont à reflets comme un casque de cuivre pâle et que dans cette quenouille jaune elle s'amuse à piquer, tout au milieu du front, un large souci d'or. Rien de plus absurde ; mais j'y suis habitué. Elle ne parle pas. Elle dit oui, à peine ; rarement non. Sa pensée s'avoue par des gestes, des attitudes, des sourires, que seul je puis comprendre.

— Je les comprendrai aussi. L'amour comprend tout. Etes-vous donc son seul amant ?

— Non, répondit Diomède, je ne le crois pas. Christine appartient non pas comme Mauve à ceux qu'elle choisit, non pas comme Fanette, à ceux qui vont la voir : mais à ceux qui la désirent avec assez de force pour évoquer sa présence. Pourtant ceux qui la possèdent avec moi ne la partagent pas avec moi. Elle se fait différente selon les cœurs qui l'appellent. Les lèvres dont elle accepte le baiser ne baisent pas les mêmes épaules, en baisant ses épaules ; pourtant ce sont les épaules de Christine, et la gorge fraîche de Christine, et son ventre pur, et ses genoux blancs. Parmi les amants dont elle souffre l'amour, les uns ne connaissent que son visage, les autres ne connaissent que ses genoux ; pour quelques-uns elle reste voilée ; pour d'autres elle reste vêtue ; à d'autres, plus chers ou plus hardis ou plus forts en désir, elle se montre et se livre nue, selon la candeur de sa beauté éternelle. Nue, vêtue ou dévêtue, elle est Christine et elle est la Christine de celui qui l'adore avec ferveur. Toutes ses apparences sont chastes ; elle est toujours innocente et d'une virginité sans cesse renouvelée par la grâce. Chacun de ses amants la voit diverse selon les saisons et les heures ; elle est quelquefois toujours et quelquefois jamais la même ; elle est le champ, la lande, le fleuve et la mer ; les nuages l'influencent, et le soleil ; ses yeux qui changent de reflet, ne changent pas de couleur ; un amant les reconnaîtrait sous le voile ou sous le suaire, mais Christine est immortelle.

— Immortelle, dit Pascase. Alors c'est fini ? Vous avez cessé de me railler ?

— Je vous répondrai, dit Diomède, par le mot qui vous est familier : je dis ce que je pense.

— Rêveries. D'après ce que j'ai compris, Christine est une jeune femme assez jolie, docile, silencieuse et capable d'une certaine fidélité. Vous ne l'aimez guère et elle vous visite rarement. Laissez-moi la voir : elle m'aimera peut-être.

— Pascase, comment donc faut-il vous parler pour que vous me compreniez ? Dois-je vous répéter mon discours ou vous instruire par une affirmation nette et même brutale ?

— Ni l'un ni l'autre, répondit Pascase. Vous entremêlez la vérité de tant de songes ! Savez-vous même ce que c'est que la vérité?

Diomède répondit en souriant :
— Non, mon ami, je n'en sais rien.

La conversation dériva, puis Christine n'était vraiment pas venue. Ils s'en allèrent, dînèrent ensemble, maintenant muets et à l'état de bons animaux bien raisonnables.

Tout en mangeant de menus oiseaux cuirassés de lard et vêtus de feuilles de vigne, Diomède regretta d'avoir un ami. Depuis deux ans qu'il le connaissait, tout nouveau à Paris après des voyages, Pascase lui avait fait payer par bien des ennuis quelques heures de causerie agréable. C'était un homme sans doute sûr de caractère, mais d'esprit extravagant, un de ces êtres qui marchent droit devant eux avec fougue et se cognent aux arbres faute d'avoir songé qu'il y a des arbres dans la forêt. Intelligence farouche et têtue, cœur obscur et sentimental, logique effrénée, nulle souplesse, une barre de fonte qui se rompt sans plier : Diomède goûtait vraiment peu une telle nature. L'histoire de Christine aussi l'inquiétait ; il n'y voyait nulle solution.

« Cependant, songeait-il, c'est assez amusant. Psychologie morbide ou normale ? Morbide, puisque c'est intéressant. D'ailleurs le normal ne peut pas être perçu, ne pouvant être différencié. Comment distinguer du huitième le neuvième coup de midi ? Seuls des douze le premier et le dernier sont dissemblables parce qu'ils sont ou précédés ou suivis du silence...

Mais si Pascase est un peu malade, peut-être moi suis-je un peu coupable ? Nous verrons cela. »

Il regarda Pascase et le trouva moins désagréable.

« En somme un ami est utile pour les idées, comme un jardin pour les enfants. Les uns et les autres doivent être menés à la promenade et au jeu, et le cerveau d'un ami est plein d'allées et de pelouses complaisantes... »

A ce moment, il regarda encore Pascase et son égoïsme lui fit presque peur. Il se reprit :

« Mais je suis un jardin aussi pour lui, et peut-être un parc, toute une campagne où on peut se promener en voiture, chasser, cueillir des fruits, faire les foins, moissonner. Il y a mille moyens de travailler ou de se divertir. Est-ce ma faute si Pascase promène toujours par la main la même idée le long du même sentier ? »

Cette réflexion le réconforta. Tout à fait aimable, il voulut dire des riens, affectueusement :

— Pascase, ne trouvez-vous pas que ces oiseaux sont agréables ?

VII

L'ABEILLE

> Puis soudain l'abeille se taisait buvait, les ailes calmes, la vie de la fleur humaine.

— C'est Mauve.

Elle avait l'air tout blanc, d'un blanc triste, par sa robe incolore, ses yeux calmes, son teint pâle. Sans éclats de rire, sans verve, sans rien de ses habituelles insolences, elle était entrée, déjà assise, sage comme une belle dame, son ombrelle sur ses genoux, disant :

— N'est-ce pas, Diomède, que Cyran est un grand peintre ?

Diomède y consentit volontiers.

Elle continua :

— Tout en faisant sa peinture, ses lignes, ses couleurs fraîches comme de l'eau, il parle, il dit des choses admirables, des choses qui remuent le cœur, des choses qui m'ont bien fait réfléchir. A son atelier, mais surtout là-bas, parmi les échafaudages, enfermé dans sa grande robe blanche, il est beau, il est sacerdotal, il est divin. On dirait qu'il va repeindre le monde, un monde d'harmonie et de grâce, doux et clair, et les corps purs et vus sous les voiles diaphanes, cela signifie qu'on devrait laisser voir ainsi son âme, qu'elle fût assez belle pour qu'on ne rougît point de la montrer.

— Mauve récite une leçon, dit Diomède.

— Mauve répète les paroles de Cyran, parce qu'elles lui plaisent.

— Alors le beau vieillard vous a charmée ?

— Ni par sa beauté, ni par sa vieillesse ; par son génie.

— Et Mauve vient me faire ses confidences ?... Donne-moi tes lèvres !

Mauve les donna, puis elle dit :

— Oui, prends, pendant qu'il est encore temps.

Diomède écoutait surpris. Mauve parlait avec la

gravité d'une jeune chrétienne prédestinée au martyre. Elle ajouta :

— Cyran m'a conquise d'une seule bataille. Je résiste encore, ma chair est en rébellion, mais mon âme est soumise. Diomède, j'ai peur de devenir une créature angélique.

— Que feras-tu alors de ta beauté, petite Mauve ?

— Je ne sais pas. Rien. Ou bien je la donnerai à Cyran pour qu'il la mette sur les murs des églises.

— C'est tout ce qu'il en peut faire.

Là, Mauve voulut bien rire un peu. Elle reprit :

— Il m'a avoué son petit frisson, l'autre soir, tu te souviens, quand je le buvais... Il appelle ça des tentations ; moi, des désirs. C'est vrai, je le désirais de toutes mes forces. Je suis rentrée contente et furieuse. Je vous maudissais tous les trois, même toi, Diomède. Le lendemain, à sept heures, Tanche vient me chercher. J'ai posé, j'ai écouté, et je suis troublée.

— Et Cyran ? demanda Diomède.

— Cyran m'observe. Je crois qu'il m'aime, comme un petit animal, un petit chat dont on veut faire l'éducation. Il m'a caressé les hanches, doucement, d'un geste innocent et distrait, puis il s'est mis à dessiner et à parler...

— De quoi?

— De tout ce qui est blanc, de tout ce qui est simple, de tout ce qui est pur. Je n'ai pas très bien compris, mais j'ai été émue.

— Mauve, on n'est ému que parce que l'on ne comprend pas bien. L'émotion est un sentiment. Ensuite?

— Ensuite me voilà. J'ai l'air un peu bête, n'est-ce pas?

— Très peu.

Elle se leva, ôta son chapeau, ses gants, alla sur le divan, près de Diomède, se roulant autour de lui, disant:

— J'aime encore Diomède.

— Encore?

— Encore et à peine, mais encore un peu, assez pour être son esclave aujourd'hui. Demain, peut-être pas...

Très amusé d'abord par ces mines qui faisaient

de Mauve une petite victime, il l'amena lentement
à l'état de petite épouse. Mauve, qui aimait à prendre, se laissait prendre. D'ordinaire, insinuante et
impérieuse, elle violait doucement, intéressée
par les capitulations successives, jouissant des
retraits et des sursauts de la pudeur des mâles qui
n'est vaincue qu'au moment où elle devient inflexible. Son jeu était serré, sûr et astucieux ; délicieux
insecte d'aventure, serrant autour de sa proie les
spirales de son vol, elle chantait comme une
abeille ; puis soudain l'abeille se taisait, buvait, les
ailes calmes, la vie de la fleur humaine. Mais aujourd'hui, peureuse, elle se laissait dévêtir avec la
patience d'une orpheline, sans autre désir que
d'être agréable aux mains de son ami.

Beaucoup elle avait aimé Diomède, toujours
doux et serviable dans les choses de l'amour, et
même patient, volontiers plié aux caprices de chaque caractère féminin ou habile à ne demander à
des yeux jamais que leur sourires naturels. Avec
lui les femmes rassurées devenaient presque sincères ; confiantes, elles ouvraient l'armoire de
leurs vices, lui laissant manier les gants, les den-

telles, les plumes et les soies : l'armoire refermée, on avait joui de tout, délicatement, sans rien gâter, sans rien froisser, et tout se retrouvait à sa place, bien sous la main, pour une autre fois. Il n'avait jamais l'air de les mépriser, soit pour la hardiesse de leurs mœurs, soit pour l'équivoque de leurs gestes, soit pour la facilité de leurs émois. Il ne croyait pas que des fleurs sont belles parce qu'elles sont enfermées derrière des grilles, des murs ou des sauts-de-loup ; les belles le sont partout, dans les forêts, dans les prés et même le long des chemins ; si un peu de poussière parfois les poudre, elles ont aussi toutes les bénédictions de la pluie du ciel et toutes les bonnes fortunes du soleil. Enfin, il était indulgent, ayant décidé qu'en somme si la libre pratique de l'amour était une tare pour les femmes, elle en devait être sans doute une aussi pour les hommes. Et la vénalité même, si elle déshonore une femme qui se livre, que ne déshonore-t-elle pas l'homme qui accepte le marché ? Est-il donc plus moral d'acheter que de vendre une turpitude ? Mais pourquoi turpitude ? Il n'est pas honteux pour un homme de vivre de son intelligence ; il n'est pas hon teux, pour une femme, de vivre de sa beauté.

Mauve, qui vivait de sa beauté, n'était donc pas méprisée par Diomède, ni par Cyran, ni par Pascase, ni par Tanche, ni par plusieurs autres jeunes hommes qui la respiraient volontiers.

Cependant, devant cette jolie créature, mais trop connue, Diomède se laissait aller, pour la première fois, à des pensées qui n'étaient pas d'amour.

A demi-dévêtue, étendue les yeux clos, les mains sous la nuque, une jambe repliée et l'autre pendante, Mauve lui parut tout à coup inutile dans sa vie. Quel plaisir vraiment avait-il à baiser ainsi à petits coups ces seins menus et froids ? Il se sentit absurde, l'espace d'une seconde, mais Mauve, ayant peut-être senti le danger, le coucha sur elle impérieusement.

Recoiffée et gantée, elle se déclara un peu lasse de ses vagabondages. Parmi les paroles de Cyran, il y en avait plusieurs qu'elle avait déjà entendues intérieurement.

— Cela vous explique, Diomède, l'émotion que j'ai ressentie. Quoique je m'en sois bien cachée, il y a longtemps que je songe à n'avoir qu'une robe, qu'une bague et qu'un ami. Me comprenez-vous bien, Diomède ?

Un instant, Diomède se crut l'unique ami élu par Mauve. Il en eut de l'effroi, prévoyant de douloureuses explications. Comme il ne répondait pas, elle continua, sur un ton contrit:

— On ne reconnaîtra plus Mauve, elle sera toute changée. Déjà aujourd'hui, j'ai été bien différente, n'est-ce pas ? Vous ai-je fait plaisir, au moins ? Non, Diomède, je le sens, tu as regretté l'ancienne Mauve. Que veux-tu ? Elle est morte. J'ai voulu la ressusciter pour toi : je n'ai peut-être évoqué qu'une larve.

Diomède était consterné. Il la laissa partir sans avoir trouvé un mot de la fin vraiment cordial.

Seul, il réfléchit et comprit pourquoi Mauve qui lui avait toujours été agréable, l'avait aujourd'hui séduit si faiblement :

« Ses pensées n'étaient plus celles qui vivifiaient

son corps, quand son corps m'était doux. Plus de sensualité, plus de beauté. Les femmes ne sont vraiment belles que pour ceux qu'elles désirent. »

Il songea encore :
« Mais je vais presque pleurer Mauve. Nous nous aimions très bien. »

Et encore :
« Non, pas très bien. Illusion, jeu, sourire. Mais je me dupais moi-même très doucement avec ces petites illusions, ces petits jeux, ces petits sourires. Tout cela était aimable, facile, léger. »

Et encore :
« De qui Mauve peut bien être amoureuse ? De Cyran ? Qu'importe ! Je la regrette. Oui, je vais presque la pleurer. »

VIII

LES LANDES

> Je détourne les mots de leur cours comme on détourne les rivières pour les jeter à travers la stérilité des landes où, frêles et pâles, les idées fleurissent mal.

— Des explications sur Cyrène ? Je ne connais pas toute sa vie et ce que j'en sais ne me captive pas extrêmement ; c'est trop conforme au manuel, trop ce qui devait arriver. A ce moment de la civilisation, toute fille intelligente et sans principes pourrait devenir une Cyrène, avec des nuances. Mais elle est seule et elle règne.

Ainsi parlait Diomède, et Pascase écoutait avec soin.

Assis à la terrasse d'un café, ils attendaient en

buvant de violents alcools l'heure de se présenter chez cette femme illustre.

— Il faut nous exciter un peu, mon ami, acquérir l'illusion que nous allons entrer dans un plaisir. Prenons cette assurance. Pour moi, qui ai quelques motifs particuliers d'inquiétude... Non, qu'il s'agisse de vous et non de moi. Penser à moi m'ennuie et me déprime... Cyrène est encore très belle.

Pascase aurait voulu savoir son âge. Diomède ignorait cela :

— Mais c'est très difficile. L'âge des femmes? Sait-on l'âge des chevaux? Avec de l'avoine broyée, la tondeuse, des soins, du repos, un beau harnachement et des sabots vernis, un cheval est toujours jeune. Seul, le palefrenier connaît son âge, ou le vétérinaire. Il faut demander l'âge de Cyrène à sa femme de chambre ou à son médecin. Mettons la seconde jeunesse. Epoque délicieuse pour une femme célèbre, car les hommes sont si vains que la gloire lui redonne plus de beauté que les années ne lui en ont pris. C'est ainsi l'âge d'or des femmes de théâtre, le moment où leur cœur se renouvelle et se rajeunit ; les pubertés s'émeuvent et se serrent autour de la prêtresse ; elle donne de bons conseils et procède aux initiations ; elle est la mère, la maîtresse et le professeur ; et avec l'autorité de son nom, de son expérience et de son corps macéré dans les essences, elle régente toute la génération dont elle pourrait être la grand-mère.

Diomède répondit à une objection de Pascase :
— Mais, mon ami, chez les êtres bien doués le corps ne bouge qu'à l'extrême vieillesse. Ninon et Gœthe, à quatre-vingts ans, avaient conservé, du menton au talon, toute leur harmonie plastique... Enfin, voici un peu de son histoire : Petite bourgeoise et sentimentale, elle se marie. Pas de religion, pas de mœurs, un sens indécis de la tenue, elle est vouée à l'adultère. Elle y tombe et cela n'étonne personne, ni elle. Au contraire elle en est fière, comme d'une distinction, d'une élégance conquise et qui la sort d'entre ses sœurs. Elle n'est plus déjà la petite bourgeoise ; elle est la petite bourgeoise adultère. Un peu sotte encore, malgré son intelligence, elle tire vanité de cet état assez commun, s'épanouit et devient plus jolie. Le petit

amant flatté, mais qui la méprise (étant, lui, très sot, et définitivement) lui enseigne toutes les gammes. Elle chromatise, elle apprend à jouir de son sexe, à tirer parti de toutes ses muqueuses. Cependant elle songe ; son petit cœur ambitieux bat et sonne ; elle se sent égale aux plus célèbres en esprit, en beauté, en industrie sexuelle, et elle n'est rien que la petite maîtresse d'un petit commis. Crise dont le hasard décide. Elle aurait pu rencontrer le viveur riche, celui qui offre une paire de chevaux ; elle rencontre l'homme qui écrit dans les journaux : elle écrira. L'homme est vieux, puissant et turpide ; il dicte : elle écrit ; il dit : elle obéit. Elle a compris l'importance d'être coadjutrice ; humble et docile, elle attend la succession. Tout en apprenant son métier nouveau, elle est la caisse, car le journal appartient à l'homme ; elle paie en ouvrant son corsage. L'homme meurt, elle pleure, elle est célèbre. Depuis cela, soit dans les journaux qu'elle possède et qu'elle dirige, soit dans tous les autres, elle n'a pas cessé d'écrire un seul jour de sa vie, même pendant ses aventures et ses fugues. Dans la société actuelle, tout autre critérium faisant défaut, un écrivain n'est jugé que sur l'abondance ou la rareté de sa copie ; celui-là est perdu qui s'arrête au bout du sillon, pour méditer. On ne laboure plus avec des bœufs ; on laboure à la vapeur. La machine à écrire rendra beaucoup de services aux journalistes ; cela va leur permettre de doubler leur production, sans augmenter leurs frais généraux, — idéal de tout sage commerce. Cyrène qui est riche et pompeuse emploie des sténographes ; elle en a trois qui alternent et se suppléent, car elle dicte comme on parle, comme parle une femme active et abondante, sans jamais s'arrêter ni réfléchir. Un article ordinaire ne lui demande pas plus de vingt minutes ; elle en parle cinq ou six tous les matins, et elle recommencerait après déjeuner si le nombre des journaux était assez grand pour coïncider avec la fécondité de son génie. Mais, ce qui est encore plus admirable, c'est que dans cette copie au cours vertigineux il n'y ait jamais ni une lueur d'esprit, ni une phosphorescence d'idée. Cela me tourmenta longtemps ; enfin, comme Newton découvrit le système du monde en voyant tomber une pomme, je compris Cyrène, un jour, en voyant couler un ruisseau.

— Dire que c'est votre amie ! s'écria Pascase.

— Et ce sera la vôtre. Elle est aimable, spirituelle et d'une intelligence évidente, mais inapte à faire passer aucun de ces dons dans ses écritures. Je ne crois pas qu'elle s'abstienne volontairement de laisser paraître son talent; elle aurait des oublis, des absences. Jamais: c'est impeccablement fluidique et nul. Le talent, d'ailleurs, mais d'abord le style, condition primordiale du talent, est incompatible avec son industrie. Rien de fatigant pour le peuple des lecteurs comme le style; une métaphore nouvelle trouble ou irrite un esprit simple et inculte; s'il la comprend, cela ne lui cause aucun plaisir, mais il trouve l'auteur prétentieux et lui en veut d'avoir accroché même une seconde son œil et son esprit; s'il ne comprend pas, ce qui est plus commun, il se fâche. C'est très juste et bien raisonnable. Dans quelques siècles, tout le monde pensera sur ce point comme pense l'homme moyen d'aujourd'hui. Il n'y aura plus aucune littérature, ni de prose ni de vers, et la pensée s'exprimera selon une formule nette, sèche, purement algébrique. Comme il n'y aura plus d'idées générales, toute notion de l'extra-sensible étant abolie ou considérée comme l'un des symptômes de la folie, il est très possible qu'on délaisse, comme trop lent, notre système d'écriture. A des hommes parqués par la science et par le socialisme dans des besognes et des plaisirs prévus et ordonnés une fois pour toutes, quelques idéogrammes suffiront pour dire toute la pensée humaine, qui sera brève; les besoins physiques, les désirs sexuels, bon, mauvais, pluie, soleil, froid, chaud. J'estime qu'avec cinquante grognements gradués et autant de signes représentatifs un troupeau d'hommes socialisés exprimera parfaitement tout son génie. En attendant et dès aujourd'hui, nous devons admettre la parfaite inutilité de la littérature et de tous les arts; seuls jouent l'enfant ou le débile. Forte et mûre, l'humanité ne jouera pas plus à faire des vers, de la musique ou de la peinture, qu'une femme de soixante-dix ans à la poupée ou à la Tour-prends-garde. Ah! mon cher Pascase, que nous sommes heureux d'être des enfants!

— Moi, je ne détesterais pas, dit Pascase, une humanité plus sérieuse et mieux ordonnée, avec moins d'imprévu, moins d'injustice.

— Mon cher, la peau vous démange à la place

du collier. L'injustice est l'une des conséquences de l'exercice de la liberté. Elle est davantage : elle est l'œuvre même de la nature et l'œuvre même de Dieu. La fortune est une injustice, mais la beauté en est une autre et bien plus grave, une injustice essentielle, comme l'intelligence, comme tous les dons qui supériorisent un homme. Soyons injustes, mon ami, souffrons de l'injustice, mais soyons libres. On en a fait là-dessus une fable assez ingénieuse, peut-être la connaissez-vous ?... Enfin, qu'est-ce que l'injustice ? Est-il injuste que Cyrène gagne le salaire de deux cents ouvrières ? Je n'en sais rien et cela m'est égal. Elle est la joie du peuple ; elle a fait le plaisir de bien des hommes ; elle ravit la jeunesse par l'ampleur magnifique de ses charmes. Son rôle est beau ...

— Vous vous êtes bien moqué de moi, Diomède, le jour où vous m'engagiez à plaire à cette vieille pécheresse ...

— Soyez donc plus parisien, Pascase. Je vous engage toujours à lui plaire. Une femme de luxe, comme Cyrène, n'a que l'âge qu'on lui suppose. Supposez, doutez, rêvez. Pourquoi sa forme corporelle, harmonieusement développée, ne serait-elle pas encore pure ? Qu'en savez-vous ! Essayez.

— Cynisme ! dit Pascase.

— Oui, cynisme. L'amour ne comprend que deux termes : la chasteté et le cynisme. Tout l'intermédiaire est fait de lâcheté, de morale, d'hypocrisie. L'amour est bestial ou divin.

— Diomède, vous vous exaltez vers le paradoxe, ce qui est votre manière de vous pencher sur l'absurde et de vous enivrer des vapeurs marécageuses... Dites-moi plutôt : cette Cyrène a connu tous les métiers ?

— Tous les métiers de femme. Aucun de ces métiers n'est déshonorant. De savoureuses anguilles vivent dans la vase, une saison, l'été...

— Elles en gardent le goût...

— Si peu que c'en est un piment. Tous ces métiers d'ailleurs n'ont rien de mystérieux. Ils se réduisent facilement à un seul : la prostitution. Mon ami, ne tremblez pas : c'est le métier commun à tous et à toutes. C'est le métier de notre corps et celui de notre âme ; et tous nos sens ne font que jouir de la prostitution universelle des hommes, des bêtes, des choses et de Dieu. Les femmes, spécialement, sont si bien faites pour cela : ou la cellule ou le monde. N'avez-vous donc jamais désiré dévêtir la nonne qui passe les yeux baissés, et, dévêtue, lui refaire une ceinture de ses lourds chapelets, et jouir de cette chair sacrée, rival de Jésus, l'éternel amant ? La nonne qui passe, pourrait-elle passer pure, puisque j'ai des yeux ? Et songez à ce Jésus qu'elles aiment toutes et qu'elles pressent en sanglotant sur leurs seins martyrisés...

Pascase cria :

— Vous détournez les mots de leur sens normal et véritable. C'est absurde...

— Mais, reprit Diomède très doucement, je détourne les mots de leur cours, comme on détourne les rivières, pour les jeter à travers la stérilité des landes, là où, grêles et pâles, les idées fleurissent mal... Vos prairies sont inondées, les herbes pourrissent sous les eaux stagnantes ; laissez-moi donc arroser le sable et rendre au soleil les terres boueuses qui vous donnent la fièvre. Vous avez la fièvre du moral et du convenable, Pascase, — et cependant vous voilà assis à la terrasse d'un café, prostitué à tous ces yeux féminins. Tenez, celle-ci vous désire. Elle feint de s'intéresser aux cordons de ses souliers et elle relève sa robe afin de faire naître en vous une idée sexuelle qui s'accouple à celle que vient d'éveiller en ses nerfs obscurs la vue de votre barbe épaisse et brune.

— Elle veut un louis ou moins, dit Pascase.

— Peut-être, mais ce n'est pas l'essentiel. Riche elle vous eût offert le même regard, le même geste, et la même jambe. Elle se vend, parce qu'elle ne trouve pas à se donner : vous comprendrez aujourd'hui ce mot qui jusqu'ici vous avait semblé banal, ou seulement spirituel.

IX

LE CYGNE

> Quand elle releva un de ses bras pour arrêter l'éventail, on eût dit un cygne qui du fond de l'eau ramène et secoue son col flexible et blanc.

Un peu couchée dans une bergère, Cyrène attendait. Debout, deux ou trois petits jeunes gens la regardaient, disant avec émotion des choses puériles. Les bras nus, les épaules voilées d'une dentelle noire, les seins un peu découverts, tout son beau corps affirmé par la souplesse des étoffes légères, elle se laissait boire, souriante, renversant la tête, une main contre sa joue, et sous la dentelle on voyait son aisselle luire comme un ventre de corbeau. Derrière le dos des adolescents, des mains se crispaient : l'un de ces adorants, jusqu'alors muet, se mit à balbutier; ses lèvres tremblaient;

de pâle il devint tout rouge. Maternellement Cyrène lui dit :

— Enfant, vous vouliez me faire un compliment; il est fait. Donnez-moi mon éventail... Là, sur la petite table... Merci... Non, ouvrez-le... Eventez-moi...

Alors, laissant tomber ses bras et glisser son fichu de dentelle, elle respirait largement et ses seins se gonflaient. Quand elle releva un de ces bras pour arrêter l'éventail, on eût dit un cygne qui du fond de l'eau ramène et secoue son col flexible et blanc.

Du seuil, Diomède et Pascase avaient vu la scène d'adoration et les complaisances de l'idole. Ils s'avancèrent; elle se leva pour tendre la main à Diomède et tout de suite l'entraîna dans un coin.

— Vous savez, Diomède, je crois que Cyran va venir.

— Vous en êtes sûre?

— Non, mais Tanche m'a promis de l'amener. Et tenez ce papier bleu...

Elle le tirait de son corsage.

— S'il était tombé, dit Diomède, pendant que l'éventail d'Elian vous dilatait le cœur, il aurait cru, cet enfant... il aurait eu du chagrin.

— Je le vois pour la première fois.

— Précisément, s'il vous connaissait, vous n'auriez plus le pouvoir de lui faire du chagrin.

— Mon cher, j'aimerais mieux lui faire du plaisir.

— Ah ! Cyrène, que je vous aime ! ô délicieuse amie !

— Enfin, lisez.

— « Crois viendra. Entendu décoration orphelines. » Dieu, que ce Tanche est avare ! Expliquez.

— Très simple. Orphelinat. Chapelle. Ai offert ornements et Sina décoration. Cyran évangéliser les murs, anges, nuages, âmes.

— Rédemption ?

— Oui, Notre-Dame de la Rédemption.

— Bon vocable, mais je voulais dire rachat.

— De quoi ? Repentir ? je ne me repens pas même de vous.

— Cyran fait pénitence pour deux.

— Pauvre Cyran...

— Achevez.

— Eh bien, oui. Je l'aime encore, je l'aime et je n'ai peut-être jamais aimé que lui. Je me souviens, dans les derniers temps, nous avons pleuré toute une nuit. Quelle douceur ! La petite bourgeoise sentimentale, comme vous dites... Non, mon ami, c'était pur, c'était large, c'était haut... Nous étions sur une montagne... Il y est resté tout seul, après m'avoir rejetée d'auprès de lui... Pourquoi ? Il a eu peur. Il a cru que j'étais incapable d'être fraternelle... Je l'aimais assez pour lui sacrifier tout... Oui, tout, même la luxure... Qu'il soit chargé de tous les péchés que son abandon m'a fait commettre !

— Ne dites pas cela, Cyrène, c'est mal.

— C'est mal. Je ne le dis pas. Mais on peut bien maudire un peu ceux que l'on aime toujours et qui ne vous aiment plus.

— Il ne vous a pas oubliée.

— Je le sais, mais il a toujours peur.

— Oui, et il a raison.

— Je lui ai donné raison, je l'avoue; mais que puis-je faire? Mon métier m'ennuie, je méprise les hommes et les hommes me méprisent, tout en me craignant et en me désirant ; alors je me penche vers les âmes neuves...

— Et les corps nouveaux...

— Cela me rafraîchit.

— Votre éventail aux mains d'Elian, c'était charmant.

— Et innocent.

— Cyrène, je vous connais. Elian s'endormira ici la tête sur votre épaule. Est-ce le même éventail?

— Le même, dit Cyrène en riant, le même et la même Cyrène.

Diomède n'ayant pas répondu, Cyrène reprit :

— Voici le complot. Sina va venir, vous le conduirez à Cyran, vous mènerez la conversation et vous ne vous tairez que lorsque Cyran aura accepté. Il y a là pour lui des années de travail, de joie, et presque une fortune. Stupide et vaniteux, Sina paiera ce que je voudrai. Ainsi je serai très bien vengée. Par moi et sans qu'il le sache, Cyran aura acquis plus de gloire et tout l'argent qui lui manque depuis qu'il a renoncé à faire des portraits et des tableautins. Vous approuvez ?

— Oui. Vous êtes belle.

Lui mettant doucement les mains sur les épaules, elle le baisa au front.

Pascase rôdait. Diomède le présenta et Cyrène accorda tout, habituée à ne voir dans les inconnus que des suppliants ou des amants. Elle dit :

— Tout ce que Diomède arrangera avec Daniel. Puis :

—Ah ! voilà Tanche ! Mon Dieu, tout seul !

— Ce Daniel ? demandait Pascase.

— Un secrétaire.

Tanche, l'air inquiet, caressait sa maigre barbe :

— Il est là, dans une voiture, avec Pellegrin, que j'ai heureusement rencontré et qui le surveille. A la dernière minute, il a eu un scrupule... Si Diomède ?

— Diomède, je vous en prie !

Diomède voulut bien.

Cyrène fit le tour du salon, ayant pris au hasard le bras de Pascase, qui se redressait un peu ivre, fier et souriant. Il reconnut Elian, qu'il avait rencontré avec Diomède, et lui envoya un petit salut amical.

Aussi neuf que lui, Elian en fut tout réjoui.

Cependant Cyrène, au milieu des gestes et des mots échangés, tournait à chaque instant la tête vers la porte, ce qui faisait passer de jolis reflets sur son cou et sur ses épaules. Sa figure pâle et mate de brune profonde se rosait un peu par l'émotion; sa voix était très douce, tout amollie ; elle paraissait plus belle que les autres soirs ; les yeux la regardaient avec joie.

Pascase, sans comprendre et sans réfléchir, jouissait de sentir son bras trembler sous le sien ; il le serra un peu afin de mieux sentir les petits frissons de la chair.

Comme ils étaient à l'autre bout du salon, vis-à-vis la porte d'entrée, Cyran parut.

Il y eut un grand silence et un grand émoi, car tout le monde savait. Les hommes qui étaient assis se levèrent, s'avancèrent et derrière eux quelques jeunes femmes troublées par la vue du maître. On le reconnaissait d'après ses portraits.

Brusquement, lâchant le bras de Pascase, Cyrène s'avança, tendant les mains, ne trouvant rien à dire. Cyran balbutiait :

— Chère amie, chère amie...

Assis, il fut aussitôt entouré, mais il ne disait rien, roulant des yeux soupçonneux, s'essuyant le front ; un instant il s'occupa à déplisser avec son pied un petit tapis. Enfin il releva la tête : Diomède lui parlait de ses fresques.

Il répondit, l'air heureux, revenu à des gestes de peintre, le pouce en avant, comme écrasant de la couleur, ou les doigts agités, dessinant un ensemble, piquant des détails. A la troisième de ses phrases hachées, jamais finies, il se sentit très à l'aise, c'est-à-dire seul. L'auditoire disparu, il voyait de la peinture et il la décrivait. Son tableau achevé, il se tut et après un silence, ayant regardé fixement Elian, lui demanda de poser pour une tête de jeune saint Jean-Baptiste. Tanche prit son adresse, pendant qu'il rougissait.

— Jamais de modèles de profession, reprit Cyran. Ils savent prendre la pose, c'est vrai, mais c'est aussi ce qui les rend si dangereux. L'art est mort par le modèle... A Florence et partout, avant Léonard, on a peint d'après des poupées de cire, surtout chez les orfèvres... Cela valait encore mieux que le modèle de métier... Le modèle est bête et béat, surtout l'Italien... Le brun frisé, la grande barbe blanche, la madone aux larges paupières baissées... Parisiens, les modèles mâles ont l'air canaille et les femelles, l'air grivois... Prenez des gens qui passent, des gens qui pensent, des gens qui souffrent... J'ai trouvé une madone admirable, une femme rencontrée sur le bateau... Elle sanglotait en berçant un petit enfant dans ses bras... « Ah ! monsieur, c'est que sa sœur jumelle vient de mourir, et lui, il est si faible que j'ai peur de le perdre aussi. » J'en ai fait la madone qui pleure le supplice futur, mais dans ses larmes il y a un sourire pour la vie présente... Elle est admirable, admirable !... Le modèle, voilà : on fait prendre la pose, sous le costume, et on copie. Mais c'est l'école de dessin ! L'art d'aujourd'hui est terrifiant, l'art protégé. Il y a quelques années, Diomède qui fréquentait alors les ateliers réussit à identifier avec leurs modèles tous les tableaux primés cette année-là. Un jeune Italien nommé

Giosué, alors célèbre, figurait dans douze toiles ; on l'avait mis jusqu'au milieu d'une vue de Normandie... Alors, ajouta-t-il, en regardant Elian, ce jeune homme viendra ? Il faut qu'il vienne. Il a des yeux qui aiment et qui songent.

Elian pensa à Cyrène : il l'adorait pour avoir eu chez elle ce bonheur et cet orgueil.

Cyrène et Diomède amenaient Sina trouvé dans e petit salon de jeu où il perdait volontiers des sommes, avec l'air de distribuer de l'or à des clients romains.

Les trois hommes demeurèrent seuls. Le complot s'acheva. Cyran fut vaincu.

Cependant la foule des adolescents et des jeunes femmes avait reformé son cercle, plus loin, autour de Cyrène. Les femmes la désiraient non moins que les mâles ; elles se sentaient mâles tour à tour et amantes près de cette créature à qui nulle luxure n'était étrangère. Agenouillée près d'elle, Flavie jouait avec les rubans flottants de sa jupe, la joue parfois appuyée aux genoux de sa maîtresse, ou bien levant vers ses yeux noirs de grands yeux innocents et blonds. Ce spectacle qui n'intimidait personne remuait le cœur tendre des jeunes gens ; Pellegrin murmura des vers :

> Reines des soirs anciens, amantes immortelles...
> Ces yeux où la beauté s'enivre d'être belle...
> Adorables caresses où les gestes d'amour
> Sont doux comme des vagues et purs comme des plaintes...
> Fleurs dont le vent du soir a rapproché les lèvres...

A ce moment, jalouse, la petite Aurèle aux longs cheveux de fillette saisit la main de Pellegrin et l'emmena.

— Dites-moi des vers, mais d'autres... Ceux-là sont beaux, mais je ne les aime pas... Une reine, une seule reine... Une reine et son roi...

Ils s'en allèrent loin, vers les petits salons obscurs, sous les ramages sombres des pâles verdures.

Elian à son tour, énervé, triste et colère, s'éloigna. Il rencontra Pascase :

— Elle est, dit Pascase, vraiment belle.

— Elle est diabolique, répondit Elian. Elle est un sérail. Quelle créature d'amour ! Tout un peuple d'hommes et de femmes s'agenouillerait sur son passage. Elle est la chair.

— Il y a dans son regard une tentation, reprit Pascase. Et tout est tentation, autour d'elle, ces jeunes femmes que le désir parfume d'odeur fauves, ces éphèbes aux airs équivoques... pile ou face...

Elian sourit avec dédain :

— Je vous croyais un ami de la maison ?

Pascase regarda l'adolescent, comprit, rougit e apercevant Tanche, se rejeta sur lui. Il dit innocemment:

— Singulière maison...

— Singulière ? Pourquoi ? Mœurs du jour. Aucun étonnement possible. D'ailleurs Cyran est là. Cyran purifie tout. Cyran purifiera tout. Ah! il se lève. Nous allons partir. Venez-vous ? Venez. Vous avez l'air sinistre. Franchement, je ne suis pas non plus très à mon aise... Il faut la candeur de Cyran ou l'ironie de Diomède pour souffrir avec patience cette odeur de parc aux chèvres, — et aux chevreaux. Cyrène se perd et s'avilit... Mais si vous voulez voir quelqu'un souffrir plus que nous, regardez Néobelle... Là-bas, cette grande jeune fille qui ressemble à Cyrène, plus grande encore et plus somptueuse... On dit qu'elle est sa fille, et de Sina... Paternité ou adoption, elle est Sina, Marie-Néobelle de Sina. Ce nom lui fait du tort, à Sina. On le croit Juif. Il est Syrien. C'est peut-être pire. Néobelle sait tout et méprise tout. Elle a l'innocence de la croix élevée au milieu des turpitudes et des fourberies de la place du marché. On dit qu'elle aime Diomède, or Diomède ne parle jamais que des aventures, des idées ou des amours avec lesquelles il veut bien jouer ; sur les choses qui lui sont essentielles, il est muet ; je suppose donc...

Cyran sortait, ayant baisé la main de Cyrène avec un air de grande cérémonie affectueuse; Tanche le suivit, et Pascase aussi.

X

LES MAINS

> Il vaudrait mieux n'avoir baisé
> que des mains pures.

— Enfin, vous daignez savoir que je suis là, et pour vous seul ?

— Votre mère, répondit Diomède, avait besoin de mes paroles.

— Ne l'appelez pas ainsi. Cela m'est douloureux. Elle est pour moi une grande sœur malade plutôt qu'une mère... Vous savez bien que je l'appelle Cyrène comme tout le monde, comme vous. Laissons. Et ma lettre ?

Diomède fut troublé. Il réfléchit rapidement.

« Fallait-il la lire ? Si oui, il est trop tard. Si non, c'est bien. »

Les yeux de Néobelle ne disaient rien. Ils attendaient.

Diomède présenta la lettre, tournée et retournée sur toutes les faces et tous les angles.

« J'ai l'air d'un escamoteur, songea-t-il. Vais-je l'avaler ou la faire passer à travers ma main ? »

Il dit :
— La voici. Elle est intacte.

Toute pâle, Néobelle répondit froidement :
— Merci. On peut se confier à vous. Vous êtes discret.

Diomède comprit, se méprisa, puis ressentit de la colère :
— J'ai été stupide. Mais pourquoi ce jeu ?

Néobelle haussa lentement ses belles épaules
— Je ne sais pas. Je m'ennuie. Je croyais que ous auriez deviné...

Elle tenait la lettre entre ses doigts un peu crispés. Diomède voulut la reprendre :
— Non, il est trop tard.

Elle la plia, en fit une bande étroite.

— Où la mettre? Dans mon gant, cela me ferait une bosse sur le bras. Cela serait très laid, n'est-ce pas, mon ami? Non. Dans mon sein, là, sur la peau très douce de ma poitrine. Et si elle m'écorche, Diomède, si tantôt je trouve l'enveloppe tachée de sang, je vous renverrai le petit cilice, la petite relique. Est-ce bien comme ça qu'il faut dire? J'ai un morceau de la tunique sanglante de sainte Prase. Quand je le regarde dans son petit cœur d'or de forme surannée, je ne suis pas émue. Mais peut-être avez-vous l'âme plus sensible... Dites-moi maintenant, pourquoi ne vous ai-je pas vu tous ces derniers temps? Pourquoi avez-vous été un mauvais ami, Dio?

Elle parlait d'un ton caressant et affligé, toute sa beauté comme voilée d'amertume. Son corps magnifique semblait se retirer des regards, s'en aller, se fondre dans une lumière triste. Elle s'était enveloppée dans la dentelle noire tombée des épaules de Cyrène; sa peau claire à travers le crêpe transparent dessinait des fleurs roses.

Assis sur un tabouret, tout près d'elle, Diomède la regardait, ne trouvant rien à dire. Il écoutait vaguement les grêles airs de valse qui du salon voisin venaient à travers les portières mourir à leurs oreilles. Après un long silence, il répondit, retrouvant dans sa tête la phrase de Néobelle :

— Je ne suis pas un mauvais ami, Néo, mais fatigué d'avoir cueilli trop de fleurs sans parfum, j'hésite à franchir le fleuve, à passer sur l'autre rive, sur celle d'où viennent, je le sais maintenant, les odeurs qui avaient enivré mon ignorance. Quand je suis parti, de bon matin, le soleil riait à travers les feuillages des saules ; il y avait de la rosée sur les herbes et déjà des guêpes sur les fruits. C'était un matin d'août ; c'était mon printemps ; je n'en ai pas connu d'autres. Je cueillis des pâquerettes, et des gentianes, et toutes les floraisons pauvres des étés trop chauds, et je les respirais avec joie ; mais l'odeur qui me consolait venait de plus loin, de là-bas... Il faut passer l'eau ; où est le batelier ? Et comment revenir si la fleur que je vois et que je veux n'est qu'un mirage...

— La fée Morgane sur le lac du Léman, dit Néobelle. Je l'ai vue. Ce n'est pas très curieux.

Mais si vous la vouliez vraiment, Diomède, la fée, la fleur ou la flamme, elle surgirait devant vous avec sa vraie chair de femme, de fleur ou de fée. Elle viendrait à vous... Elle vous éviterait de passer le fleuve... Elle ménagerait les battements de votre cœur, — et de votre peur...

— Je n'ai pas peur du fleuve, Néo, j'ai peur de vous.

— Non, Diomède, de vous-même. Vous avez peur de vos désirs, qu'ils ne se gonflent, fantastiques bêtes, avec des mâchoires et des ongles, peur de l'émotion, peur du sentiment, peur de vivre...

— Mais je vis, et beaucoup, je marche, je songe, je me prête à des fantaisies...

— Vous vous prêtez toujours, c'est bien cela vous ne vous donnez jamais.

— Etre libre, être libre !

— Libre dans le désert de vos irréalisations ! Libre au milieu des sables ou parmi la poussière des sables ou parmi la poussière des routes stériles ! Libre, et seul !

— Seul ? Oui, je suis seul. Toute causerie me laisse seul, toute intimité me laisse seul. Je suis seul quand je touche la main d'un ami ou les genoux d'une femme, seul quand je parle, seul quand j'écoute et seul quand je crie. C'est vrai, mais qui donc, s'il pense, ne vit dans l'éternelle solitude ?

— Vous pourriez peut-être aimer, mon ami ? dit doucement Néobelle.

— Le fleuve ! répondit Diomède. Toujours le fleuve, onde ou ombre, dans lequel il faut se jeter tout nu.

— Tout nu, Dio ! Tout nu, dépouillé de vos petits songes, de vos petites fantaisies, de vos petites sensations, de votre petite ironie... Et ainsi allégé vous atteindrez très facilement l'autre rive, et là, vous vous mettrez à genoux.

— A genoux ?

— A genoux comme un enfant.

— Comme un enfant !

— Oui, Dio, comme un petit enfant. Je n'ai jamais vu cela autour de moi. Il n'y a pas de prière dans l'air que je respire. Je n'ai jamais entendu de cantiques, mais seulement des appels de luxure... Il doit en sonner de pareils la nuit dans les forêts fauves... Des cris de fauves exténués, malades et gémissants.,. On ne sait s'ils gémissent de honte ou de plaisir... L'amour n'est-il donc qu'une des formes du mépris ?

— Ah ! Néo, le mépris joue un grand rôle dans l'amour ; sans lui la plupart des rencontres charnelles seraient inexplicables. Il y a pour l'homme un grand plaisir à faire l'animal, à se rouler dans la litière de l'instinct, à enclore son idéal dans les limites étroites du jardin sexuel, à s'en faire une prison, à ne lever la tête vers les visages que pour y lire la satisfaction d'une déchéance... Mais d'autres ne peuvent lever la tête quand l'excès de la honte extasie leurs nerfs, et ils meurent là, étouffés dans leur stupre... La beauté n'est plus qu'une promesse de plaisir ; elle n'est plus que le jeu des mains et des lèvres, l'immédiate et banale joie du toucher. Les âmes sont devenues aveugles et il n'y a plus d'infini dans les yeux des hommes, ni dans les seins des femmes...

Il se tut, puis ajouta :

— Vous me faites dire ce que je pense, Néo. Ce sont presque des aveux. D'ordinaire, je me tais ou si je parle c'est avec indulgence, avec l'indulgence dont j'ai besoin moi-même. Et d'ailleurs à quoi bon cette confession et cette colère ? Non, pas de colère. Je ne veux pas haïr la vie... Il faut bien sortir, il faut bien marcher ; alors, aimons le paysage de nos promenades ; notre amour peut-être le rendra beau. J'ai purifié des choses très laides en les regardant avec innocence. La bonne volonté sanctifie même l'accomplissement du mal ; il y a plus de vertu dans certaines mauvaises actions que dans certaines bonnes œuvres... Mais pourtant, il vaudrait mieux ignorer, il vaudrait mieux avoir fermé les yeux de temps en temps le long du chemin... Il vaudrait mieux n'avoir baisé que des mains pures.

— Tiens, voilà mes mains, Dio !

Et avec la conscience de sa candeur vraie, Néobelle, arrachant ses gants, tendit ses deux mains pâles aux lèvres de Diomède.

Excité par son discours, ému par la beauté de cette chaste fille, si ardemment femme et si froidement vierge, il baisa les mains offertes avec plus d'amour que jamais encore aucune autre chair.

Néobelle le regardait avec des yeux passionnés mais calmes :

— Aimes-tu ma chair, Dio ?

— Néo, je t'aime toute !

Debout et penché sur elle, Diomède cherchait ses lèvres. Elle les refusa et se leva :

— Non, pas les lèvres ! Les lèvres donnent ; je ne veux pas donner...

Et résistant aux efforts de Diomède elle répétait :

— Je ne veux pas donner, pas encore, pas encore !... Mais tout ce qui ne donne pas... Tiens, mes bras ! Tiens, mes épaules !... Ah ! tu aimes ma chair, Dio ! A-t-elle goût d'infini ? A-t-elle goût de miel ou de ciel ? Ah ! Dio !

Exaltée, elle riait d'un rire passionné. Ses yeux éclataient, presque méchants. Elle semblait s'offrir avec révolte, lutter en vain contre ses paroles et contre ses gestes. Deux fois elle porta la main à son corsage, froissant nerveusement l'étoffe tendue.

— La lettre, la lettre ! Néo, la lettre !

Elle l'atteignit, la tendit à Diomède.

— Oui, il faut la lire maintenant. Ah ! il y a du sang, un peu de sang, une goutte de sang, une seule goutte... Ainsi, je te donne de mon sang ! Dio, que me donneras-tu ?

— Moi, répondit simplement Diomède.

— C'est dit. Tu m'appartiens.

Dans un moment d'exaltation, Diomède porta la lettre à sa bouche et baisa la tache sanglante.

— Baise aussi la blessure, Dio !

Et Néobelle, déchirant son corsage, offrit son sein nu aux lèvres de Diomède.

Mais à peine eut-elle senti cette caresse trop sensuelle qu'elle recula.

S'enveloppant les épaules dans la dentelle noire, elle s'enfuit.

XI

LA BARQUE

> Je veux sauter sur une autre nef
> et que la vieille barque sombre
> avec tous mes péchés.

Assis dans le fauteuil que venait de quitter Néobelle, il songeait, serrant la lettre entre ses doigts, étonné de s'être livré franchement à des discours et à des gestes pathétiques. Mais tant d'émotions des deux modes, sensuel et sentimental, l'avaient lassé ainsi qu'une longue promenade parmi des paysages contradictoires. Il songeait et ne pensait pas, engourdi dans une fatigue assez douce, un peu gêné vis-à-vis de lui-même et pourtant satisfait comme d'une victoire.

Bientôt, il cessa même de songer. Alors il

perçut les bruits prochains des danses. Surpris que nul couple n'eût tenté une intrusion vers ce coin pourtant si connu et où tant d'épaules avaient été baisées et peut-être mordues, il alla soulever la tapisserie qui séparait des autres pièces le petit salon solitaire. La porte était fermée à clef. L'autre, celle qui donnait directement sur l'antichambre et par où Néobelle avait disparu était restée ouverte. Des domestiques somnolaient ; il n'y avait plus sur les tables qu'un petit tas de manteaux où il choisit le sien. La musique cessa ; des gens sortirent ; il rentra vite, ne voulant voir personne.

Au même moment la porte fermée à clef cria et Cyrène parut :

— Je vous savais là, je vous ai surveillé. Il faut vraiment que je vous aime, Diomède, pour vous laisser sous clef seul avec ma fille.

— Tout le monde pouvait entrer par où elle est partie.

— Non, ce soir la porte du fond n'ouvrait qu'en dedans,

— J'aime autant ne pas avoir su tout cela d'avance, reprit Diomède. Néo le savait?

— Non. C'est moi qui ai tout fait. Je sais que vous vous aimez et cela me plaît.

— Elle est vraiment votre fille?

— Ma vraie fille. Vous aimeriez autant pas?

— Presque.

— Elle me ressemble si peu. De stature, de ligne, et voilà tout. Je l'adore et elle me méprise. Si elle avait mon caractère, elle m'aimerait... c'est mieux ainsi... Néo est une créature admirable devant laquelle je me prosterne éblouie et balbutiante. J'adore sans comprendre... Vous seul peut-être pourrez déchiffrer cette écriture hiératique... On ne sait pas ce qu'elle veut... Enfin, elle vous aime...

— Oui, reprit très simplement Diomède, je crois qu'elle m'aime.

— Et vous?

— Moi, je suis écrasé. J'attends le coup de grâce — et de la grâce...

— C'est cela, faites de l'esprit, quand il s'agit de la joie et de la vie d'une fille malheureuse qui vous offre toute sa beauté et tout son cœur.

— O Cyrène, ne soyez pas sentimentale. Ayez la pudeur du sentiment ; c'est ce que j'appelle n'être pas sentimental ; et laissez-moi aimer avec ironie, si c'est ma manière d'aimer.

— Les femmes, dit Cyrène, n'ont aucune pudeur ; vous le savez sans doute mieux que moi, mais celle-là est la dernière dont elles soient capables. Parler d'amour leur est peut-être encore plus agréable que de faire l'amour. Croyez-vous vraiment que je puisse aimer Cyran en secret ? Non, je veux crier mes sentiments pour lui, les étaler, les afficher — sur tous les murs, sur mon front et sur le sien. Je suis plus heureuse de l'avoir vu chez moi une heure en cérémonie que d'avoir passé huit jours tête-à-tête avec lui. Tout le monde sait qu'il m'a quittée ; tout le monde sait que cela m'a fait de la peine ; tout le monde saura que nous nous sommes rencontrés...

Cyrène songea un instant ; elle reprit :
— Il a fait le premier pas ; il en fera d'autres. Je veux mourir près de lui... Je ne suis plus telle que vous me croyez et telle que je parais, Diomède ; et, si je veux être encore aimée de Cyran (aimée

comme il voudra), c'est pour pouvoir paraître enfin telle que je suis devenue... Les adolescents, Diomède, jeunes enchanteurs et petites sirènes, je voudrais tant les fuir ! Je sens que je me perds, ma barque coule; l'eau est bleue et tiède, mais profonde; j'y disparaîtrai toute... Non, je veux vivre et rester belle et fière ; laisser le monde et non être laissée par le monde. Je veux sauter sur une autre nef et que la vieille barque sombre avec tous mes péchés ; ils sont lourds, elle ira au fond. Sur l'autre nef je m'installerai bien sagement, mais avec beaucoup de dignité, comme une reine qui vient d'abdiquer mais qui garde en ses membres des habitudes royales. N'ai-je pas régné en vérité sur tout un peuple ? Par ma beauté et par ma luxure ? Oui, par cela presque seul, car tout le reste n'aurait été rien sans le scandale de ma vie.

— Ah ! Cyrène, c'est donc l'heure du cilice ?

— Elle aurait déjà sonné, mais Cyran a retardé l'horloge.

— Vous serez regrettée.

— Et je ne laisse pas d'héritière.

— J'espère que non, répondit Diomède.

Cyrène le regarda sans se fâcher.

— C'est le premier crin du cilice. Continuez.

— A peine une petite cordelette de soie, mon amie. Mettez-moi à la porte.

— Tout est fermé, dit Cyrène, vous passerez par ma chambre et le petit escalier.

— Non, c'est trop de tentations.

Il suivit pourtant, troublé, craignant la lâcheté de la chair, mais Cyrène, traversant la chambre sans hésitation, ouvrait déjà la porte dérobée. Diomède par instinct ou souvenir regarda vers le lit dont il connaissait bien la place; il était défait et, dans la pénombre, il crut voir une tête s'enfoncer dans l'oreiller. Alors en un accès d'hypocrite indignation — car lui, Diomède, aurait-il résisté aux bras violents — il s'emporta contre Cyrène et, à mi-voix, pendant qu'elle l'éclairait sur le palier :

—Cyrène, vous mentez à vos paroles. Qui est là?

Cyrène répondit froidement :
— Elian.
— Alors, tout ce que vous m'avez dit?
— Je ne me renoncerai que dans la sécurité de mon cœur.

— Sacrifiez cela.
— Diomède, je vous en prie.
— Mais pourquoi me donner ce spectacle et me forcer à un rôle absurde ? Me voilà moraliste, à deux heures du matin, sur la troisième marche de l'escalier qui mène à l'alcôve. J'ai envie de rire... En effet, vous êtes libre, mais vous croire, Cyrène, vous croire !
— Si j'avais voulu, c'est vous qui seriez dans l'alcôve.

Et pour punir Diomède, se penchant vers lui, elle lui toucha le front de son aisselle nue.

Diomède descendit d'une marche.
— Allez-vous-en.
— Sacrifiez Elian.
— Je vous laisse.
— Je ne vous croirai plus.
— C'est le dernier, Diomède. Encore celui-là. J'ai eu d'envie d'Elian. C'est le dernier
— Et Flavie ?
— Bagatelle.
— Sacrifiez Elian.

— Non, mon cher, je veux choisir mon mot de la fin. Bonsoir.

Elle rentra. Diomède entendit le bruit des verrous.

Alors il remonta les quatre marches, écouta.

Elian avait quitté le lit au premier verrou et là, près de la petite porte, c'était une prise de possession lente et curieuse, avec un froissis d'étoffes, des baisers rapides... Il entendit Cyrène prononcer un mot obscène, puis il lui sembla qu'elle emportait l'éphèbe dans ses bras...

Il songeait, en se faisant ouvrir la porte de la rue :

« Cyrène en est à l'excitation du mot sale... Je la plains... Enfin, c'est de son âge. »

Puis encore :

« Décidément, les amours des autres, c'est bien peu intéressant. »

XII

L'ODEUR.

> Cette odeur de lavande et de noix que le contact du mâle n'a pas encore troublée.

Diomède se réveilla dans le soleil et, avant toute réflexion, se sentit heureux. Il faisait chaud; les rideaux souriaient aux vitres claires; il se leva, marcha tout nu. Des fleurs, en une jardinière, s'épanouissaient avec naïveté; les plantes vertes se dilataient, inclinant au bout de leurs hampes des ombelles plus larges.

Longtemps il s'amusa à vivre ainsi, libre et attentif, dans la paix bourdonnante du matin printanier. Ayant ouvert une fenêtre qui donnait sur rien, sur des cimes d'arbres, sur le ciel, il se dressa divinement fier au seuil de la nature rénovée.

Puis, son état de nudité l'inclinant à des pensées sexuelles, il comprit la cause de sa joie, courut à ses vêtements, ouvrit avec hâte la lettre parfumée encore d'une odeur de chair; il la lut debout, parmi les fleurs et les feuillages qui lui frôlaient la peau.

Quatre feuillets bien remplis et comme ornés d'arabesques. Cette écriture droite, pleine de boucles, il la trouva noble, cordiale, et sensuelle par la courbe onduleuse des traits qui semblaient prolonger les mots comme des baisers, qui se repliaient ainsi que des bras pour garder plus longtemps la jouissance de l'idée. Les aveux ne le surprenaient pas; il n'eut des restrictions et des doutes qu'une perception indistincte; tout ce qui n'était ni désir ni don s'abolissait dans le souvenir des récentes extases.

Son bonheur s'augmentait de la certitude de dominer désormais cette créature superbe; elle était venue à lui, dépouillée de son orgueil et presque de sa robe, déchirée en signe de soumission... Emu, il se promit d'être pour Néo un ami magnifique, un trésor charnel et sentimental répandu comme une pluie d'été sur tout son corps et jusqu'au fond obscur de cette âme verdoyante. Il l'aima sous la forme d'un jeune arbre frais, fort et chevelu, que l'on enlace, où l'on cueille une branche, au pied duquel on se couche dans une ombre odorante et tiède. Elle lui donnait une sensation de solidité, de sécurité vitale, et à songer au jeune arbre à l'âme verdoyante, il se voyait enraciné au même terrain, frémissant au vent du matin, pâmé en un enlacis de rameaux fraternel et voluptueux.

Soudain il la désira. Les scènes pathétiques de la nuit remontaient lentement jusqu'à ses yeux, puis redescendaient le long de ses nerfs, drainant le sang des artères, fermant les portes affolées des veines ; il revoyait, presque pâmé, les bras dorés où les muscles couraient comme des vagues, les épaules doucement tombantes, les seins larges et profonds, rendus plus blancs par la pourpre de leurs gemmes ; et il sentait cette odeur de lavande et de noix, que le contact du mâle n'a pas encore troublée.

Le soleil disparut sous un nuage ; Diomède se vêtit, retrouva son calme et sa lucidité, mais, encore dans le même cercle d'idées, il disserta intérieurement sur la singularité et la diversité des odeurs féminines, leur rôle dans l'amour, l'absurdité d'épouser une femme sans avoir respiré ses épaules. Il comprit alors l'utilité des bals, s'amusant que les exigences sensuelles eussent imposé aux plus pudiques filles de s'offrir, fleur ouverte, au flair discret des prétendants. Allant plus loin, il admit la nécessité de la plupart des usages traditionnels, même de ceux dont la signification est oubliée : ainsi les bains de mer et la demi-nudité des plages, c'était la revanche de l'impudeur native sur l'emprisonnement des gorges et des bras, sur la longueur des juges, sur les mensonges des robes et des corsages. Un peuple habitué à un peu de nu se baignerait dans des étuves et non dans l'eau dure et dangereuse de l'océan. Mais il faut que les femmes, matrices de la race, se dévêtent, au moins une fois par an, sous l'œil des mâles. Plus fort que toutes les religions, que toutes les morales, l'instinct commande et la pudeur obéit.

Songeant à sa récente conversation avec Pascase il regretta de ne pas lui avoir prouvé que la robe d'une jeune fille, après trois ou quatre ans de bals et de plages, ne couvre plus qu'une chair aussi connue en surface, par les yeux, les mains et la divination du mâle, que la chair publique du modèle ou de la courtisane.

Pourtant, il ne condamnait ni la morale, ni la pudeur, ni la lutte contre la nature; il trouvait intéressant ce perpétuel état d'oscillation entre l'instinct animal et l'instinct humain, œuvre des génies, collier de force et de grâce, ornement singulièrement heureux et significatif...

« C'est le frontal du grand-prêtre, le signe de l'élection. Tel qu'il est devenu, l'homme est un être contraire à la nature : là est sa beauté. Mais il n'est pas mauvais que la nature parfois le rappelle à son origine, l'incline vers ses mamelles dures et ses hanches de pierre, afin qu'il sache que la joie est d'être un homme et non d'être un animal.

Oh! que Néo, Dieu merci, est donc peu naturelle! Il n'est pas naturel qu'une femme soit belle, blanche et dorée un peu. C'est son âme qui l'a faite belle, c'est l'obscurité des maisons et des vêtements qui l'a faite blanche, c'est la serre chaude des civilisations qui a décoloré ses cheveux, ambré le duvet de ses bras, velouté sa peau, refait de tout son corps une chose de douceur... Les hommes de notre race qui marcheraient nus deviendraient de la couleur des vieilles chaudières de cuivre rouge et les femmes qui font nos plaisirs ressembleraient aux débardeurs qui vident le long de la Seine les bateaux chargés de sable. »

Diomède sourit en songeant aux dessinateurs naïfs qui illustrent de petits Praxitèles tels romans préhistoriques et font fleurir à l'orée des cavernes, parmi la puanteur des viandes pourries, des seins liliaux et des épaules claires. Il sourit aussi des écrivains.

« La beauté animale est naturelle. La beauté humaine n'est pas naturelle; c'est une invention lentement perfectionnée, un des travaux visibles et le chef-d'œuvre de l'intelligence. »

Ayant déjeuné, il relut la lettre. Alors les doutes et les réticences éclatèrent comme un semis de taches d'encre parmi les arabesques cordiaux. Il souffrit.

« Les gestes et les mots d'hier soir n'ont-ils pas effacé les petites taches d'encre? Tous ces retraits sur elle-même et ce partage en deux êtres, l'un de sang, l'autre d'âme, est-ce autre chose que le geste de laisser retomber sa robe, quand le passant regarde avec trop de désir les jambes de la passante? Le fichu recroisé sur le sein? Mais elle l'a déchiré elle-même, déchirant toutes les lignes de la lettre où son amour était nié. »

Et peu à peu, il se réconforta.

La peur ne le dominait plus. L'oiseau sombre qui planait au-dessus de sa tête était tombé à ses pieds, les ailes fermées, mais la bête, encore palpitante, agitait les pattes et ses plumes frissonnaient.

Il sentait qu'une grande rénovation allait se faire en lui, que les horizons multiples où il arrêtait ses regards amusés allaient se voiler de brumes, un seul demeuré clair parmi le demi-jour universel.

Alors il se souhaita la force nécessaire pour subir cette nuit et ce déchirement, anxieux de savoir si Néobelle serait assez resplendissante pour éclairer, astre unique, le monde de ses pensées, de ses désirs et de ses songes!

La notion de cette fille singulière, aux volontés disparates, était encore trouble en son esprit frappé d'enthousiasme mais non libéré de toute crainte égoïste. Abeille, guêpe ou bourdon, né viendrait-elle pas apporter en son cerveau des germes illogiques et préparer là, dans le secret du gynécée, d'hétéroclites fécondations et une illusoire postérité ?

« Elle voudra substituer à mes lents et ironiques plaisirs des jouissances trop certaines et trop précises, car elle doit avoir, étant femme, un but pratique et net dans la vie, — et moi je ne désire qu'un peu vivre, un peu à la fois, ménageant mes nerfs et ma sensibilité, toute mon intelligence repliée et déroulée lentement, selon les occasions de proie, comme les anneaux paresseux d'un grand serpent qui semble dormir dans les roseaux...

Jouer avec la vie, jouer avec les idées ! Avoir deux ou trois principes, solides mais troués comme des raquettes, pour que tout y passe hormis l'essentiel... Et qu'y a-t-il d'essentiel, hormis faire son salut, selon la très noble expression chrétienne, c'est-à-dire se réaliser selon sa nature et selon son génie ?... Si cela seul est essentiel, j'aimerai Neobelle, quoi qu'il arrive ; le pèlerin qui chemine dans la neige doit aimer la maison qui s'ouvre à son appel et le foyer qui s'allume pour ses genoux mouillés...

Mais que la maison ne se dédouble pas en deux salles, l'une ardente et l'autre triste; qu'il n'y ait qu'une flamme, qu'une table et qu'un lit et que le sourire de la femme avoue une sensualité intelligente et tous les raffinements spirituels... »

Là ses méditations furent interrompues par l'arrivée de Pascase. Diomède, cette fois encore, en fut content; le tourbillon des idées s'arrêta.

Pascase était satisfait et irrité. Attendri par les promesses de Cyrène, il s'emportait cependant contre les mauvais mœurs dont il venait de frôler les épaules et les reins.

Connaissant d'avance la teneur de toute plaidoierie dans le ton moral, Diomède écoutait avec indifférence. A la fin, il répliqua :

— Deux ou trois fois par siècle, on change ou on nettoie les vitres de la serre où nous vivons. D'abord la lumière plus claire nous permet de voir plus intimement et de comprendre mieux le jeu de nos mœurs; mais peu à peu la pluie et la poussière ternissent les vitres; elles se bordent de mousse; les mouches y viennent accumuler leurs ombres et leurs taches; l'opacité se fait, puis presque la nuit... Mais qu'il fasse jour ou qu'il fasse nuit, les mœurs sont les mêmes, car ce sont les mêmes sexes qui dansent la même ronde, dans le même monde... Vous vivez à un moment où les vitres viennent d'être changées (ou nettoyées); la lumière est nette, vos yeux ont toute leur clairvoyance, — et vous croyez sincèrement qu'Elian ou Flavie sont d'exceptionnels petits monstres en mission spéciale sur une terre menacée des catastrophes et des incendies... Jéhovah lui-même y fut trompé quand il détruisit les villes qu'il voulait maudites, mais l'expérience lui est venue sans doute, ou l'indulgence, puisqu'il regarde Paris sans colère...

— Qu'en savez-vous? dit Pascase.

Diomède continua doucement :

— ... et peut-être en souriant. Je crois que Dieu est devenu, comme nous, indulgent. Avez-vous remarqué, Pascase, la bonté de Dieu et son infinie patience à modeler son âme divine sur l'âme humaine? Ses pensées sont toujours conformes à celle des trente justes intellectuels qui gouvernent le monde sans que le monde s'en aperçoive, eux-mêmes menés dans leur voie par un élu qui souvent reste ignoré des hommes. Dieu a pensé comme Pythagore, qui n'est plus qu'un nom ; comme saint Bernard, dont les idées nous choquent; comme Spinoza, que personne n'a lu... Dieu est vivant, Pascase. Il est bien l'Eternel. Il se transforme, sans que meure une parcelle de sa divinité, et, phénix, il surgit, toujours, quoique différent, essentiellement pareil à lui-même, du bûcher où flambe le feu intellectuel...

Introduit dans une idée, Pascase savait s'y mouvoir. Il dit :
— Votre manière d'expliquer Dieu équivaut à le nier...
— Oh! Quelle affirmation plus candide? J'ai la foi d'une bonne femme...

Mais Diomède souriait un peu.
— Je crois Dieu immuable, reprit Pascase; peut-être indulgent, peut-être patient... Mais je crois aussi, et c'est une de vos paroles que j'ai méditée, qu'à certaines heures des siècles il cesse de regarder, c'est-à-dire de penser le monde. Alors le divin

se retire lentement des âmes humaines. L'odeur de l'infini abandonne les créatures; le parfum descendu remonte à sa source; et les âmes se ferment, comme, le soir, la fleur des liserons. C'est l'interrègne. Parfois je songe que peut-être nous vivons à une de ces heures-là. La nuit est assez douce; mais morne; les herbes se penchent sous la brume; les feuillages sont silencieux; la lune dort et les étoiles sont tristes. Dieu pense d'autres mondes.

Diomède trouva cela très beau, très effrayant :

— Quel sujet de rêve, Pascase! Cet univers livré à des lois, à la brutale causalité, à l'implacable règle des affinités et des répulsions, à la Force, c'est-à-dire à la stupidité! Un univers enfin sans l'intelligence, qui est la perpétuelle négation de la Loi, qui est l'amour, qui est la joie, qui est l'épée où la force imbécile vient se faire trouer le ventre!

— Cet état d'horreur, dit Pascase, est agréable à beaucoup d'hommes. Après tout, c'est la conception scientifique du monde. Elle est peut-être vraie.

— Peut-être, répondit Diomède, avec tristesse. D'ailleurs la pensée d'un homme n'engage qu'un homme. Il y a bien des vérités. Quelques-unes vivent; d'autres sont mortes; les autres mourront... Mais selon ce système, Pascase, si vous l'adoptiez, ce qui m'étonnerait, sur quoi établieriez-vous la basilique de votre bonne mère la Morale?

— Sur rien. Ce serait absurde même d'en vouloir poser une pierre.

Diomède reprit :

— Pascase, est-ce que tout cela, au fond, ne vous est pas un peu indifférent? N'aimeriez-vous pas mieux baiser les cheveux de la petite Flavie?

— Non, ils sont trop courts.

— Courts, mais jolis et fins. Cependant, vous avez raison, car elle refuserait vos lèvres d'homme. Flavie a des principes. Elle mourra vierge du mâle. Ces aberrations ne sont pas déplaisantes comme celle des Elians. Celui-là d'ailleurs est vénal...

— Oh!

— Oui, c'est laid et fort malpropre; mais les maladies aussi sont laides et il faut y toucher. Mon ami, si l'on écrivait un peu de notre vie, pourrait-on nier que nous avons vécu, nous, innocents de ces vices bas, parmi les Elians aux cheveux bouclés? Faudrait-il s'abstenir, en notant un paysage de forêt, d'y peindre des champignons parce qu'ils sont vénéneux? Mon caractère ne me permet pas l'indignation. Je suis un curieux, moi, et non un moraliste; je fais de l'anatomie et non de la médecine. Je veux savoir comment est planté le cœur de l'animal; je ne rédige pas d'ordonnances.

En dînant, ils s'occupèrent des besognes que Pascase pût accepter dans les journaux régentés par Cyrène; et Diomède souriait de l'empressement de son ami à s'introduire en ce milieu qu'il méprisait.

Il songeait :

« Lui aussi, il est vénal, et cependant c'est le plus honnête homme du monde et le cœur le plus pur.

Tout n'est qu'ironie. »

XIII

L'AGNEAU

Enfin, il se nomme Agneau.

Le matin, Diomède à peine levé, on sonna; la petite cloche de bronze au son pur et doux se dressait éperdue; en même temps la porte grondait, martelée.

C'était Cyran, toujours annoncé de cette façon violente et dominatrice.

Un agneau bêlait dans ses bras.

— C'est mon agneau pour le saint Jean. On me l'apporta de la campagne, il y a trois ou quatre jours, mais sale, la laine grumelée et sentant le bouc. C'est un petit mâle. Je l'ai fait laver, comme un toutou, sur la berge, par l'homme à casquette de recruteur. L'homme voulait le tondre! Pauvre agneau ! Il loge rue Blomet chez un nourrisseur qui me l'amène tous les matins. Il déjeune avec moi : du lait et quelques feuilles de laitue. Enfin, il se nomme Agneau. J'en ferai un bélier avec de belles cornes recourbées. Tâtez auprès des oreilles, là, les deux petits nœuds déjà durs. Ne trouvez-vous pas qu'il bêle avec amour? Il est si blanc!

Mis sur ses jambes, Agneau trébucha, puis se roula comme un chien sur le tapis; ses yeux se fermèrent.

Alors, allumant sa pipe, Cyran changea de ton et dit :

— L'autre soir, tout en parlant, je regardais, j'observais, amusé par la jeunesse des visages, l'éclat des yeux, à peine étonné que les femmes eussent les cheveux courts et les hommes les cheveux longs. Il y a des modes et des affectations de vices. Cela m'est égal, puisqu'en dehors de la chasteté absolue, tout, désormais, me semble laid. D'ailleurs, je cessai bientôt de réfléchir. Devant des visages, je suis peintre. Je parlais des modèles, j'examinai les têtes, cherchant le caractère qui convenait à ma porte. Mon saint Jean est peint sur la porte de la sacristie, intérieurement. C'est lui qui ouvre la porte, du dedans au dehors, afin que de la vie secrète Jésus passe à la vie publique et au sacrifice — conséquence de toute vie vouée au peuple. C'est très clair, quoique le frère gardien n'ait pu comprendre le symbole de ma porte, ni surtout l'agneau marchant résolu et fier dans sa douceur en avant du prophète. Pourtant, l'agneau ne doit pas être porté; il doit s'avancer volontairement vers le couteau du sacrificateur... Enfin, voulant un saint Jean adolescent, et non un vieux mangeur de sauterelles, je distinguai un éphèbe nommé Elian...

— Elian! cria Diomède. Mais sa bouche est un écriteau!

— Alors vous devinez. Il est venu hier.

— Et il vous a joué la courtisane amoureuse? Soupirs, cris, poses, larmes?

— Oui.

— Cyran, vous vivez vraiment trop en dehors de tout. Il a tenté la même aventure avec Sully. C'était très bête. Avec Sully qui a les mœurs d'un saint!

— Enfin, il a eu l'esprit d'un mot parodié de Suétone : je veux être l'amant de Cyrène et la femme de Cyran ! C'est un fou lubrique sans intérêt. Mais, que veut dire cette allusion à Cyrène ?

Diomède, hésitant, répondit :
— Si ce n'est pas vrai, c'est possible.
Puis, encore après un silence :
— D'ailleurs, Cyrène est perdue. Elle le sait. Ses nerfs ont pris une telle habitude du plaisir... C'est l'alcoolisme de la volupté... Demeurée avec vous et devenue votre femme, elle serait maintenant l'ami de vos soirées et le témoin de vos jours, heureuse de broyer vos couleurs et de vous tendre la brosse... Oui, c'est une pécheresse terrible... Enfin pourquoi ne viendriez-vous pas à son secours, fraternellement ?

Cyran sembla choqué de ce discours qui évoquait trop directement un passé trop connu. Diomède se comprit maladroit et presque infâme. Cyran objecta :
— Mais je ne veux pas me marier. Je suis moine. Une vieille maîtresse ? Non. Une liaison de hasard. J'ai eu de la tendresse pour elle, c'est vrai, au temps où j'étais, moi aussi, un scandale...

— Cyrène a été si belle et elle est encore si belle que tout lui est pardonné, reprit Diomède. Le peuple, malgré sa stupidité croissante, admet fort bien qu'une Cyrène ait d'autres droits dans la vie et sur la vie qu'une femme dont la vertu est la seule grâce. Son existence aura été une large fresque pompéïenne, un peu lascive, trop voluptueuse, mais de couleurs vives et de chairs douces... Enfin elle vous chérit. N'avez-vous pas senti son émotion, l'autre soir ?

— Je crains son amour, répondit Cyran. Elle voudra obtenir de moi (et elle en aura le droit) des plaisirs que je ne désire plus. Je caresse les hanches d'un modèle sans plus de volupté que la croupe d'un cheval; avec la même bonhomie esthétique. La peau d'une femme n'est plus pour moi qu'une étoffe très fine et si elle se tend sur d'agréables courbes je suis content et voilà tout... Mais avec cette créature que j'ai aimée, que j'ai respirée, que j'ai bue... Cela me trouble, mon cher Diomède! Qui fera mes images, si je fais l'amour?

Diomède insinua, amusé par cette controverse :
— La peinture n'est pas incompatible avec

l'amour.

— Ma peinture? Absolument. Il faut que ma vie soit immatérielle, pour que mon art demeure spirituel et intellectuel. Si je touche à la vie, si je pénètre dans la chair, je sens que je retournerai à mon vomissement réaliste! Que d'années j'ai perdues à aimer les apparences, à copier des muscles, des tons, des lueurs, à dessiner des bouches qui parlent, des seins vers lesquels se tendent les lèvres! A quoi bon? Le réalisme le plus direct, le plus sûr, le plus palpable, s'en va, fuit tout honteux devant la nature. Peut-être est-ce de l'art utile, de l'art documentaire?... Les costumes intéressent les historiens plus tard et de bons esprits dissertent sur la couleur des cheveux, en Italie, au temps de Véronèse... Il faut déformer ou transformer... Moi, je transforme. J'allège les corps de toute leur matérialité; j'en fais des nuages, des vapeurs, des rêves, des âmes... Alléger et allonger, obtenir des êtres frêles et transparents...

— Et l'agneau? Demanda Diomède, qui aimait modérément la nouvelle peinture de Cyran et souriait, parfois, de ses théories.

— Agneau? Je le ferai haut et mince comme un

lévrier avec une petite tête fine, enfantine, douloureuse, et des rayons d'or sortiront de l'absence de ses cornes.

Diomède admit cette vision, mais, tout en se méprisant un peu, il dit, pour accomplir sa promesse jusqu'au bout :

— Elle est prête à tous les renoncements, à un mariage mystique.

— Où trouvera-t-elle la force de se renoncer?

— En sa tendresse pour vous.

— Peut-être...

Diomède ajouta :

— Songez, un mariage mystique, tout blanc, des épousailles angéliques.

Cette idée séduisait l'imagination de Cyran, devenue un peu puérile. Il se remémorait d'édifiantes vies de saints, les vœux de chasteté formulés par les nouveaux époux encore la main dans la main sous la bénédiction du prêtre.

— Comme Cécile et Valérien...

Mais il reprit :

— Cécile était pure, Valérien était jeune ; leur sacrifice fut grand, peut-être cruel. Le mien serait doux, mon ami... Les fresques me sont des épouses admirables, chastes et pleines de joie... Il ne faut ni me comparer à Valérien, ni comparer Cyrène à Cécile... Il ne s'agit même pas de Philémon et Baucis, ce qui est encore admirable, mais d'un vieux peintre misanthrope, malade, nerveux, et d'une femme moins illustre en vertu qu'en esprit et en beauté, et qui demain sera vieille, triste et laide... Mourir seul, voilà la question et voilà l'horreur... Sans doute, mais c'est peut-être plus beau... « On le trouva mort, la brosse à la main, couché aux pieds de l'agneau qui semblait... » Quoi?... Je veux peindre, jusqu'à mon dernier souffle, des âmes, des nuages, de l'encens, des choses blanches, blanches... Venez me voir, un de ces jours... Je peins tout à la fois. Tout est en train, la Procession des âmes, saint Jean, l'Annonciation, tout... Pour faire dresser Agneau sur ses pattes on lui tend une feuille de salade trempée dans du lait... Eh bien, mon ami, venez avec elle, si vous voulez... Elle verra mes âmes, elle verra ce que sont pour moi les femmes, elle verra comment je comprends la vie... Des âmes, des âmes, jusqu'à ma dernière heure!... Adieu. »

Et prenant l'agneau dans ses bras, il s'en alla, pareil au Bon Pasteur.

Quand Cyran fut parti, Diomède, affligé, calcula son âge, mais il n'arrivait qu'à des presques.

« Il doit être plus vieux que son aveu... C'était un esprit... Il a encore des heures... »

Et Diomède songeait à la vie très belle de cet homme que n'avaient jamais ému ni l'ambition, ni la fortune. Il n'était jamais sorti de l'art que pour mendier noblement par une besogne passagère le pain quotidien; son entrée dans la gloire avait été lente, processionnelle, hiératique : jamais un geste pour plaire au peuple, ni un sourire vers les juifs détenteurs et brocanteurs des métaux sacrés, ni un pas vers les palmes, les couronnes et les fleurs, mais plutôt vers le roseau et l'éponge, et le fiel que la haine des hommes verse aux hommes qui sont la noblesse de l'humanité.

Diomède qui lui avait toujours été filial, mais non servile, se prit à douter de son droit à le rejeter vers Cyrène et vers un tel hasard. Il était content que Cyran se fût défendu et, admettant ses objections, il résolut de ne plus tenter de les rompre, si on lui demandait de nouveaux conseils.

Cyrène avait en soi une telle séduction ! Il essaya en vain d'en faire l'analyse. Les alambics craquaient, éclataient avec d'aveuglants jets de vapeur. On ne trouvait ni la courtisane, ni la grande dame, ni la « muse », mais un être singulier où il y avait de tout cela, et l'ensemble vénéneux, aux plus petites doses, avec le charme de l'opium ou des plus délicieux poisons.

Nulle femme ne justifiait mieux les idées de Diomède sur le rôle du mépris dans l'amour. Le vice adorait en elle une laideur dissimulée sous une beauté animale, la grâce de l'impudeur et de la stérilité. Son esprit même semblait physique ; on le respirait comme une odeur où il y avait encore quelque chose de sexuel ; son sourire était un frôlement et son rire une caresse. Cyrène, ils étaient vrais, sensés et profonds, les éternels jeux de mots nés de son nom fatidique.

Revenant aux motifs de son retour au vieux

Cyran, il les comprenait aisément; ils étaient simples, humains, sociaux, avec sans doute de la cordialité et même de l'affection...

« En somme, songea Diomède, que m'importe? Je m'occupe bien peu de moi depuis quelques semaines... »

Il ne put cependant arriver à se nier l'évidence de ses devoirs envers Cyran. Des devoirs, lesquels? Le protéger? Le secourir? Comment? En ouvrant ou en fermant les fenêtres?

Las de ces controverses, il écrivit à Néo, voulant un rendez-vous, une heure près d'une fenêtre ou sous les arbres du parc Sina.

Y aller?

« Oui, elle m'attend. Mais que d'ennuis! Rencontrer le vieux jockey, saluer la vieille dame qui vous retient anxieuse, près de sa chaise longue, par des questions qu'elle a longtemps remuées dans sa cervelle inculte d'orientale. Elle déteste Néo qu'on lui a imposée comme une nièce orpheline. La vérité qu'elle sait et qu'elle n'ose proférer anime ses yeux noirs et faux, quand la jeune fille passe, ou son nom. Si elle n'était paralytique, il y a longtemps que Néo aurait bu du poison... »

Dans l'après-midi Diomède, ayant mis sa lettre à la poste, alla tout de même jusqu'à l'hôtel Sina. Le vieux jockey était sorti avec Néo. Il dut subir la vieille levantine qui « recevait toujours ».

En approchant du coin d'ombre où elle se terrait sous des coussins, on entendait un bruit de médailles et de noyaux d'olives. Elle priait toute la journée avec une ardeur conjuratoire, sans but, sans pensée. Pourtant Diomède lui avait entendu avouer : « Je suis forte; les Saints sont avec moi; la mère de Dieu me protège ! »

Gardant son chapelet dans ses mains maigres, les doigts arrêtés sur le grain dont elle achevait l'oraison, elle fit à Diomède un vaste geste de bienvenue, puis elle parla :

— Ils m'ont envoyé une idée, car ils m'aiment et veulent me guérir : « Lève-toi et va à Jérusalem ! » Alors je demande : Comment va-t-on à Jérusalem? Mais ici, personne ne sait répondre, quand c'est moi qui demande. Diomède, tu me diras comment on va à Jérusalem. J'écoute.

Diomède expliqua les facilités, mais les fatigues

du voyage. Il se souvint du nom d'un paquebot, du chemin de fer de Jaffa, d'un pèlerinage annuel dont la torpeur convenait à l'infirme.

Elle cria, secouant ses noyaux d'olive :

— Que la mère de Dieu soit bénie! J'irai à Jérusalem.

Néobelle entra, emmena Diomède, pendant que la vieille criait encore, sur un ton de menace :

— J'irai à Jérusalem!

XIV.

LES MARRONNIERS.

> L'herbe est douce et profonde
> autour des marronniers.

Elle emmena Diomède sous les arbres.

Le grand parc solitaire et clair les accueillit dans son sourire. Les arbres verts tendaient leurs nouvelles pousses, pareilles à des mains fraîches; les lauriers métalliques brillaient comme des faisceaux de lances autour des hêtres pourpres, graves et fiers, et l'assemblée des lourds marronniers élevant vers le ciel la flamme de ses lampadaires semblait, comme un reposoir énorme, abriter le Saint-Sacrement de la nature.

Elle emmena Diomède sous les marronniers.

Vêtue d'une sombre étoffe rouge, dont le reflet obscur cuivrait durement ses cheveux blonds, couverts un peu de la même dentelle noire qui avait voilé la richesse de ses épaules — la dentelle de Cyrène, — Néo s'avançait sérieuse, les yeux éclatants, presque sacerdotale, pleine de vie, de force et de beauté ; ils n'avaient pas encore parlé ; elle s'arrêta, mit ses deux mains fraîches sur les joues de Diomède et le baisa au front.

Diomède, à son tour, lui baisa les mains et en garda une entre les siennes.

Ils marchèrent encore, sans paroles, troublés, attendant l'un de l'autre l'invitation d'un nouveau geste.

Semé de petites feuilles roses, le sable criait doucement sous leurs pieds ; l'air, emprisonné par les arbres aux branches tombantes était doux et odorant ; au loin, les vagues d'un océan oublié, autour d'eux, un silence plein d'abeilles.

Ils s'assirent sur un banc, dès lors plus à l'aise, pouvant se regarder, se lire dans les yeux. Leurs bouches se désirèrent, mais Néo secoua la tête, se renversa comme un cheval qui refuse le mors. Pour lutter plus facilement elle parla :

— Mais je ne vous appartiens pas! Non, non, je n'ai rien donné, rien de ce qui donne... Je ne sais plus, je songe... C'est difficile de se donner vraiment, toute...

— Pas toute encore, Neo. Se donner peu à peu, jour par jour, joie par joie, comme les hampes fleuries des marronniers qui donnent une à une au vent leurs petites feuilles roses...

— Et voyez ce qu'elles deviennent, des taches sur le sable, et nous marchons dessus. Se donner, c'est mourir... Feuille à feuille, c'est mourir lentement... Dio, je ne suis ni chaste, ni lâche, je désire tout ce que je pressens, et je sais qu'au delà de mon désir et de mon pressentiment, il y a tout un jardin secret de fleurs et de voluptés ; je me demande seulement si je vous aime... Oui, je vous aime, ami, mais si je n'aimais que votre intelligence, que vos yeux, que votre front, que vos paroles, — et non les lèvres?

Diomède entra volontiers dans cette controverse sentimentale. Il répondit sur un ton de chaleureues ironie :

— Goûtez au fruit, Néo, et vous saurez.

— Mauvais ange!

— Le conseil était bon. Que ferions-nous de l'innocence? Ignorance, innocence, vertus enfantines et même un peu animales... Néo, votre cœur fort et brave avoue des scrupules d'enfant de Marie. Goûtez à tous les fruits et de celui que vous aimerez faites votre nourriture.

— Ce n'est pas la première fois, Diomède, qu'on me donne ce conseil et je me le suis donné moi-même souvent, mais sans jamais pouvoir le suivre, — même en pensée. Je ne suis vraiment pas la femme qui s'en va parmi le champ des hommes et qui rompt un épi et l'égrène, et un autre et encore un autre, jusqu'à ce que le sentier la conduise à un autre champ, verger, vigne ou jardin. Non, mon ami, je veux un très beau verre ciselé et doré où boire un doigt de vin pur, versé d'un seul flacon; je n'ai besoin ni d'un service de table ni d'un vignoble entier...

— Mais que vous ai-je donc conseillé? reprit Diomède. De goûter à tous les fruits jusqu'à ce que vous trouviez celui qui séduise votre bouche?...

je songeais à moi et qu'après moi vous n'iriez pas plus loin.

— Non, vous pensez cela maintenant. J'aime mieux vous croire immoral que fat.

— Je ne suis pas un très beau verre, répondit Diomède, en souriant. Je ne suis ni doré, ni ciselé, mais on peut s'enivrer au vin que je contiens.

Croyant l'avoir humilié, car sa voix était un peu amère, Néo lui donna ses mains. Alors, jouant avec les bagues, Diomède continua :

— J'ai le droit de m'offrir à vous, Néo, ayant lu votre lettre.

Elle essaya de reprendre ses mains :
— Ne profitez pas de mes faiblesses, des songes d'un jour d'ennui.

Diomède la laissa reprendre ses mains :
— Néo, vous êtes une femme comme toutes les autres.

— Et même un peu plus ténébreuse, n'est-ce pas?

— Ni plus ni moins.

— Mon Dieu! nous étions si amis quand je ne savais pas que vous étiez un homme!... Soyons encore amis. Je vous écouterai en regardant vos yeux et vous oublierez l'odeur de ma gorge. Puisque vous avez lu ma lettre, souvenez-vous de toutes les pages et de toutes les lignes. Je me suis offerte, mais dédoublée. Laissez-moi la moitié de moi-même.

— Mais ce n'est pas possible. Ne donner qu'une partie de soi-même, c'est donner tout ou ne donner rien, selon l'intention ou la volonté. Nous sommes des êtres indivisibles. Votre âme est dans votre poitrine, dans vos hanches et dans vos genoux, et tout entière, autant que dans votre cerveau; elle est dans vos mains, dans vos jambes et sur vos lèvres; elle est partout, dans vos cheveux et dans vos ongles, à vos orteils et à la pointe de vos seins; elle est dans votre sourire, dans vos iris, dans vos dents, sur le bout de votre langue, dans vos gestes et dans votre odeur. En baisant vos épaules j'ai goûté à votre âme... Vous ne voulez aimer que mes paroles, vous n'aimerez qu'un souffle et qu'un son. Mes vraies paroles de vie et d'amour gisent enfermées dans l'obscurité de ma chair; vos caresses les appelleront à la surface et vous les boirez facilement, comme la sève qui coule à travers l'écorce des frênes...

— Taisez-vous, Diomède. C'est vous, maintenant qui me faites peur. Vous me rendez mystérieux et terribles des plaisirs où je ne voyais que la volupté d'un abandon et d'une communion obscure... Non, non! Vous me faites peur! Eloignez-vous! Il me semble que toute ma chair va parler comme une harpe et que vous allez entendre, l'oreille contre mon cœur, tous les secrets accumulés de ma vie et de mes songes! Non!

— Je n'écouterai pas, Néo, reprit doucement Diomède. Je ne comprendrai que ce que vous voudrez que je comprenne et je ne capterai avec mes mains et avec mes lèvres que les confidences et les secrets les plus élémentaires. Je ne vous demanderai que de la joie et de la cordialité et de lire sur vos lèvres les aveux du désir...

— Diomède, vous avez l'air cruel, malgré la langueur de vos paroles. Je ne vous reconnais plus. Vous êtes laid. Vos yeux me poignardent. Votre bouche veut mordre...

— C'est que je vous aime, répondit Diomède,

redevenant ironique. Si vous m'aimiez aussi, vous me trouveriez beau.

Eloignés l'un de l'autre, ils se turent, regardant au loin, au delà des gazons, les couleurs variées des fleurs.

Le silence qui calmait Diomède et le rendait maître de tout son égoïsme sembla émouvoir Néobelle. Ses mains tremblaient un peu sur ses genoux; ses seins se levèrent lentement; elle pleura.

— Je ne sais pas ce que je veux! Je ne sais pas ce que je veux!

Elle saisit Diomède et l'étreignit violemment.

Diomède la baisait lentement sur les yeux en songeant :

<small>La mousse épaisse et verte abonde au pied des chênes.</small>

« L'herbe est douce et profonde autour des marronniers. D'un geste adroit je puis la coucher sur ce gazon et être heureux. Le jardin est désert; nulle fenêtre ne nous regarde. Etre heureux! Singulier plaisir que de violer avec douceur cette vierge forte! Plaisir irréparable, joies perpétuées jusqu'à la mort! Ah! J'aurai le temps d'écouter, quand elle sera distraite, et de m'emplir la bouche de ce goût d'amour dont la fraîcheur a la fadeur de l'eau des cruches poreuses... Elle pleure. Elle pleure son innocence et son désir l'étouffe comme une pomme. Je la tiens et je joue. Le jeu m'ennuie. Comme elle a changé depuis que j'avais peur d'être e peloton de fil entre les jeunes griffes violentes ! Elle me fait pitié. Elle est tragique et déplorable. La virginité est tragique, comme le jour qui naît ou comme le jour qui meurt, comme l'heure qui sonne. Pas davantage. Ce n'est rien. L'aiguille franchit les chiffres du même pas que le néant qui les sépare ; elle ne tressaille qu'au départ et à l'arrivée. Faut-il m'accrocher à cette chaîne ? Descendre doucement dans le puits obscur de la mine : et remonter peut-être parmi une constellation de diamants, ou mourir sous terre avec l'angoisse d'avoir choisi un mauvais compagnon de voyage ? Mon Dieu, que je manque d'ingénuité ! Elle me domine, puisqu'elle pleure. Je ferai ce que veulent ses larmes... »

Elle le serra plus étroitement. Leurs jambes se touchaient, et leurs reins et leurs poitrines. Diomède cessa de penser. Le contact éveillait sa chair; il ne fut plus maître de ses gestes; la robe fiévreusement ouverte laissa passer les doigts, puis toute la paume; glissée jusqu'à l'aisselle, ardente et impérieuse, la main s'imposa irrévocable, comme un sceau, comme un signe aussitôt ramifié sur tout le corps nu et tremblant de la femme vaincue.

Elle releva la tête et offrit ses lèvres. Pendant le baiser ses jambes s'allongeaient lentement, comme les membres d'un animal qui s'éveille, s'étire, et jouit de revivre. Quand elle ouvrit les yeux, elle s'était donnée toute en désir et en volonté.

Ils n'avaient pas remué; aucun geste vilain n'avait déplacé leur enlacement harmonieux ni contrefait la grâce de leur attitude. Néo n'eut qu'à redresser un peu le buste pour que son corsage parût inviolé. Seulement leurs yeux avaient pâli, leurs joues s'étaient rosées, et leur sourire, douteux et insatisfait, avouait l'anxiété des voluptés équivoques.

Diomède pensait de moins en moins.

Il dit, d'une voix enfantine, les yeux attirés par les lèvres rouges :

— Encore!

— Non.

Néo avait répondu presque durement; pourtant, elle était émue et ses yeux inquiets semblaient fixer une image évoquée.

Diomède sentit que pour insister il allait être obligé à des phrases sentimentales; tout un vocabulaire romanesque s'agitait dans sa tête inconsciente. Il eut envie de dire : « Donne-moi tes lèvres, mon amour... Comme ton cœur bat!... Tes yeux sont des pervenches... Tu m'aimes, dis?... Répète-le-moi, encore, toujours!... Oh! s'aimer dans la campagne, en pleine nature!... Tu soupires, ma chérie?... Je voudrais t'emporter au bout du monde!... Je te préviens, je suis jaloux... Elle est à moi, à moi seul!... Comme tu es jolie!... A quoi penses-tu?... Regarde-moi... Tu sais, je lis dans tes yeux... Il me semble que je n'aurais pas pu vivre sans toi... » Mais, peu à peu, ces petits riens, revenus en sa mémoire, l'amusèrent. Il en chercha d'autres, incapable d'aucun commentaire sur sa présente aventure.

Cependant Néobelle réfléchissait. Elle dit :

— Diomède, j'irai chez vous ce soir. Je sais ce que je veux et je sais ce qui m'attend. J'irai. Aucun préjugé social ne m'intéresse et je me sens aussi libre de mes actes que si j'étais seule au monde. M'acceptez-vous ?

Diomède répondit fermement :

— Oui.

Puis :

— Ce sont des noces? Nous échangeons des serments?

— Non, pas de serments. Vos conseils me tentent : goûter aux grappes... Alors...

— La première venue, dit Diomède un peu surpris de ces allures cruelles.

— Etes-vous donc le premier venu? Ne parlons plus, Dio. Ah! comme nous nous serions mieux aimés, si nous avions moins parlé. Ne parlons plus de nous...

Elle se leva, redevenue pâle. Sa résolution lui donnait l'air tragique.

Ils rentrèrent, marchant côte à côte, en silence.

A cette heure le jardin était sans soleil, mais

toujours chaud et lumineux; les fleurs semblaient pensives, les arbres solennels. Diomède se sentait en communion avec cette gravité inconsciente et un peu lourde... Néobelle s'arrêta et dit :

— Vous dînez ici et m'emmenez au théâtre. Le plus loin...

— Odéon?

— Bien.

Ils frôlèrent un buisson de petites roses rouges; la robe de Néo s'accrocha aux épines.

Le buisson de roses fut secoué comme par une tempête et toutes les petites roses rouges s'effeuillèrent sur le sable en une pluie de sang.

XV.

LE SONGE.

> Je regrette le songe que je me
> faisais de l'amour.

Ils s'en allèrent à pied, par les larges avenues désertes :

— Je suis contente de moi, dit Néobelle. J'agis en femme libre. Je ne sais pas encore si je vous aime, Dio, mais je vous ai de la reconnaissance d'avoir secondé ma volonté... Mes amies, toutes ces pâles jeunes filles au cœur soumis et à la chair triste, songer qu'elles attendent un mari avec la docilité des bronzes et des étains rangés dans une vitrine ! Ah ! Ah !

Ivre d'avoir brisé la Règle, elle parlait sur un ton exalté :

— Il s'agit de moi, de mes joies, de ma vie, de mon corps et de mon âme; je veux suivre mon désir et non l'ordre établi par les égoïsmes. Il faut que j'apprenne à connaître le jeu de toutes mes facultés et de tous mes organes. Ainsi je saurai quelle est ma vocation et pour quels actes je fus créée et mise au monde.

Diomède était demeuré grave. Il se sentait devenu le maître des initiations. Son ironie l'abandonnait. Il éprouvait des sentiments religieux.

Pendant le dîner, les brèves phrases échangées avec M. de Sina (homme courtois et stupide, confiant dès qu'il avait quitté le terrain des affaires), au centre de cette maison dont il violait le cœur, Diomède avait ressenti quelques scrupules mondains, aussi l'ennui de se lier, d'être sans doute forcé d'entrer tout à fait dans un milieu dont les apparences seules lui plaisaient. Maintenant, toutes ses inquiétudes oubliées, il ne songeait qu'à son office et à son attitude de sacrificateur. La simplicité du rite lui plaisait. Rien de social, nulle intrusion des lois, ni des autorités accidentelles; nul cérémonial humain ne venant troubler la sérénité de l'acte et gâter ce qu'il y a de divin dans l'accord spontané de deux volontés et de deux joies...

Il n'acheva pas cette tirade mentale. Obligé de sourire, il s'avoua que les circonstances pathétiques favorisaient peu la liberté de son jugement. Sa conclusion fut :

« Jusqu'au bout, dans le ton et avec les gestes qui conviennent. »

La course était longue. Ils prirent une voiture.

Serrés l'un contre l'autre, en une attitude de tendresse chaste, ils rêvaient obscurément ; cependant Diomède se demanda :

« Des noces ou une bonne fortune ? »

Il répéta plusieurs fois, du bout des lèvres, cette interrogation mauvaise.

Cela ressemblait à des noces par la gravité du silence, le souci des yeux, la tenue et la réserve des mains ; mais le fiacre disait la hâte des désirs, la peur d'abréger les trop courtes heures, le soin de se cacher, plus de honte que de pudeur, la course à la volupté plutôt que la lente promenade vers l'amour.

Une lumière vive passa comme un rayon de

phare sur la figure de Néo. Elle était pâle et belle et maintenant un peu frissonnante de toutes les petites pensées confuses qui remuaient dans son cœur. Comme il la regardait, elle sourit, disant lentement :

— Dio ! Dio !

Ils arrivèrent, comme d'un voyage.

— Il me semble que je viens de loin, de si loin !

Diomède eut la même sensation, en ouvrant sa porte. Il se reconnut à peine. Tout était changé. Les ordinaires fleurs du cabinet de travail eurent l'air nouveau et frais d'un ornement inattendu. Néo alla les respirer, croyant à une divination. Elle fit le tour des trois pièces; ensuite s'enferma dans la chambre.

Quand elle reparut, nue et grave, Diomède l'adora ingénument, muet, sans aucun geste de main-mise. Il la suivit, sans hâte, ému, la trouva couchée sur le lit ouvert, dans l'attitude fière et candide d'une Danaé.

Elle fut violente et crispée, mais sans cris, sans paroles, sans étonnement.

Diomède interrogea ses yeux; ils étaient sérieux,

mais la bouche sourit et dit :

— Dio, je t'aime, pour la joie que je te donne.

— Et toi, n'es-tu pas heureuse, Néo?

Sans répondre, elle étreignit Diomède. Insatisfaite, elle cria :

— Pourtant, je veux!

Mais dans sa chair inattentive, le tumulte sensuel, aussitôt éveillé, se taisait.

Alors elle refusa les baisers.

— Je regrette le songe que je me faisais de l'amour.

Elle regarda le corps nu de Diomède, sans curiosité, sans tentation aux mains ou aux lèvres, puis elle dit, mais doucement, car son cœur était bon :

— Va-t'en !

La voiture attendait. Il était onze heures. A l'Odéon, ils lurent les affiches, montèrent dans un omnibus, au bout de dix minutes reprirent une autre voiture. Néo s'était caché la figure sous une dentelle :

— C'est la même. Je la rendrai à Cyrène.

— Donnez-la-moi? demanda Diomède.
— Si vous voulez, mon ami.
Puis :
— Rappelez-moi la pièce, le titre?
— *Un Soir.*
— Un soir, un soir, un soir... Jamais je ne me souviendrai... Ce n'est rien, cela ne dit rien. Un soir...

— Vous êtes cruelle, Néo. Songez à tout ce qu'il y a pour nous dans ces mots doux et simples : Un soir...

— Ah! Vous pensez à notre aventure? Un soir, en effet, un soir... Je me souviendrai.

Elle voulut rire. Elle sanglota.

Balbutiante, elle répétait :

— Un soir, un soir...

Soudain, la tête redressée, le buste cambré, elle reprit possession de sa fierté :

— Je suis heureuse. J'ai accompli ma volonté. Je me connais mieux. Néo est bien le marbre que je croyais...

— Je lui donnerai la vie, dit Diomède. Je soufflerai sur les charbons jusqu'à ce que la flamme éclate comme une allégresse...

Elle reprit simplement :

— Néo est bien le marbre que je croyais et j'en suis très contente. Oui, j'ai été un peu déçue... J'avais rêvé... J'avais vu un incendie... Mais si j'ai pleuré, tantôt ou maintenant, c'est par nervosité pure. Je vous ai déjà dit que je ne me sentais pas sensuelle. Je ne suis donc ni surprise, ni humiliée, ni effrayée, et je ne trouve pas que j'aie payé trop cher une notion, comme vous dites, si précieuse et qui me sera très utile pour me diriger dans la vie. Je sais ce que je puis donner à un homme et je sais ce qu'un homme peut me donner. Je puis lui donner tout; il ne peut rien me donner que le plaisir de le voir heureux. Ainsi, sûre de moi-même, je dominerai facilement les passions excitées par ma beauté inutile. J'ai été troublée. Je ne le serai plus.

— Néo, songez que je vous aime!

— Mais je vous appartiens, mon cher. C'est convenu. Je suis votre maîtresse.

Ils étaient arrivés. Elle descendit rapidement, donna au cocher l'adresse de Diomède et referma la portière en criant :

— Adieu!

Diomède se sentait affligé. Il se sentait criminel. Il se sentait stupide.

Le bruit lourd et péremptoire de la porte de l'hôtel, repoussée avec colère (il le crut), le secoua par commotion. La voiture roulait. Il s'accusa. Il se méprisa. Un tel acte et rien! Un soir! C'était jadis, c'était là-bas, où? Sur quel océan, en quel désert? Les sables se dressaient comme des vagues; une écume ardente le criblait de brûlures; couché sur le ventre, la tête enterrée, il attendait la fin de l'orage, la paix du ciel; mais toute sensation s'anéantit; il sombrait sans savoir s'il venait d'être englouti sous un océan de sables ou dans les abîmes de la mer profonde et vaste.

Le cœur douloureux, il se coucha dans le lit sanglant.

Il dormit.

.

Au matin, sa première pensée fut impérieuse : « Néo. Lui écrire. »

Il éprouvait une sensation de fraîcheur et de verdeur, comme après une fièvre vaincue. Convalescent et sentimental, il accepta les songes doux, les idées pures qui s'offraient à son imagination heureuse.

« Lui écrire. La voir. Lui baiser les mains. La consoler. L'aimer. Lui donner l'espérance et la foi dans la sérénité... »

Il songea sa lettre, n'écrivit rien :

« J'irai tantôt. Elle m'attend, moi, en personne. Nous irons sous les marronniers... Ah! je vais avoir des amours charmantes! »

Un soir... L'aventure maintenant lui paraissait très naturelle, très simple, très humaine. Des milliers de pareils actes s'accomplissaient chaque nuit, sans émois, à peine liturgiques, comédies sensuelles, chansons, calembours, rougeurs, sourires.

« Nous en avons fait une tragédie d'alcôve, ce sont les plus belles tragédies, mais les moins faciles à comprendre pour les cœurs simples et les chairs ingénues. Toute fille est prête à relever sa chemise d'un geste conjugal, immédiatement, avec bonne volonté et un peu de grâce, selon l'usage, au commandement des codes et des antiennes... Mais nous ?... Rien de plus que peut-être le choix et le courage de mentir... Il faut que je la voie. J'irai à trois heures. Ses paroles après, dans la voiture?... Elle était malade. A ce moment elle aurait dû dormir, la tête sur mon épaule... Joli tableau de genre!... »

Il retrouvait enfin sa route parmi la nature bouleversée. Le paysage habituel se redessina : ici la rivière et ses barques où dorment les bateliers ; le courant les emporte vers la profonde forêt où tout s'engloutit sous les grands arbres sombres ; quelques hommes regardent en souriant, debout sur la berge, et s'ils tombent, ils s'en vont seuls, roulés sur les cailloux, vers le gouffre...

« Quoi qu'il arrive, on se retrouve toujours seul. »

Aventure. Ce n'était donc qu'une aventure, pathétique, mais triste. Il se répéta sa devise :

« Jusqu'au bout. »

Puis :

« Jusqu'au bout, mais en paroles. Je ne puis inventer que des paroles. L'action me domine. La vie fait de moi ce qu'elle veut... Il faut obéir à la vie. »

Une dépêche :

10 heures.

« Pour l'heure probable de votre réveil, Dio. D'abord, songez que je vous rêve. Tant que je ne vous aurai pas écrit le contraire, au moins deux ou trois fois, je suis à vous. Oubliez que je fus méchante. Tout m'était permis. Je vous ferai encore du chagrin, mais de loin. Mon père m'emmène à Flowerbury où il aime une écurie (très belle, ogivale). Moi aussi. Et là me recueillir, et souffrir peut-être... Enfin, tu m'appartiens. Je me sens riche. Ne pas m'écrire. Adieu.

» Belle. »

« Et là me recueillir... » Bien. « ... et souffrir peut-être... » Comme elle est douce, aujourd'hui ! »

Il relut encore :

« Enfin, tu m'appartiens... » Oui, je suis vaincu, je me suis agenouillé... Cheval de Diomède, que tes morsures ne soient pas empoisonnées! Le vieil attelage est dissous. Un cheval a rompu son licol. Un autre... Quel autre? J'ai oublié jusqu'à son nom. Un autre... Celui-là, je ne le songerai plus, je ne caresserai plus sa croupe docile, ni sa crinière fine... Mes songes ont perdu leur vertu...

« Enfin, tu m'appartiens... » J'appartiens. C'est vrai. Je suis lié à la créature que j'ai soumise. En se couchant sous mon ventre, elle m'écrasait les reins. Le cheval se dresse et se renverse sur son cavalier, ou bien, allongeant la tête, il mord les jambes qui lui battent les flancs.

J'appartiens... Quelquefois l'homme se révolte... Assez. Me reposer, me recueillir, moi aussi, et souffrir — à moins que je n'oublie. Non, je ne puis pas oublier. J'appartiens. »

Il songea à se distraire. Comment?

Son harem était dispersé. Il regretta ces femmes aimables et dociles qui respectaient sa liberté, sa volonté, sa conscience, avec lesquelles il jouait aisément. Aventures de chair ou de songe, aventures légères au cœur!

Mais il eut honte de son regret.

XVI.

L'ÉVENTAIL.

> C'est un éventail magique... Ce petit objet se change en femme à la prière d'un homme de bonne volonté, voilà tout.

Il alla chez Pascase.

En son hygiénique taudis, organisé selon les commandements de la Science, vaste, clair, froid, sans tapis, ni rideaux, ni tentures, ni aucunes étoffes, étagères en planches de verre, meubles en bois lessivé, Pascase, vêtu d'une longue blouse d'hôpital, feuilletait des livres de médecine.

Il laissa entrer Diomède, comme toujours, mais en lui disant :

— Vous êtes le seul.

— Je le sais. Seul d'homme, mais les femmes?

— Non. Leurs jupes sont pleines de ferments balayés dans les rues, sur les escaliers...

— Et Mauve?

— N'est pas venue.

— Pourtant... Que cherchez-vous?

— Le nom d'une maladie.

— La vôtre ?

— Oui, répondait Pascase, avec mauvaise humeur.

Diomède le laissa tourner les pages, plein de pitié pour cet homme simple, droit et crédule.

« C'est vraiment un bon spécimen de la crédulité scientifique, qui ne diffère des autres que par l'objet. Il y a deux siècles, il eût défendu la Bible contre Bayle. Aujourd'hui il défend la Science — encore contre Bayle, contre l'ironie, contre le sourire. Il est de la race des croyants, race éternelle, et peut-être la vraie réserve du monde. L'homme honnête et simple croit ; c'est sa fonction. Il croit la vérité enseignée par les autorités de son âge ; tour à tour et quelquefois en même temps il croit à la parole de M. de Condorcet et à celle de M. de Maistre. Avide, sa foi devance l'avenir ; elle devance les miracles ; elle s'affirme dans toutes les possibilités conformes aux principes permis. Ce fut la théologie ; ce fut la philosophie ; c'est la science. L'homme naît à genoux. Il faut qu'il adore. Quand ce n'est pas un ostensoir, c'est une cornue ; quand ce n'est pas l'infini, c'est un ovule...

Pascase a plusieurs croyances. Le cas est fréquent. L'une mène à l'autre et toutes s'accordent. Pascase unit dans son âme pieuse l'hygiène et le christianisme.

Mais il n'est même pas, ni lui ni ses frères d'aujourd'hui, le vrai Croyant, celui qui retient l'infini dans un grain de son chapelet ou qui allume, à la mèche d'un cierge, l'incendie surnaturel. Pascase n'est pas l'humble et admirable poète qui transmue en dieu la petite statuette de plâtre ou de bois et qui prie la pierre d'être plus humaine que lui, homme... Pascase est le croyant raisonneur... »

— J'ai trouvé ! cria Pascase.
— Quoi ?
— Le nom.
— Ah !
— Ce n'est pas grave.

— Vous croyez ?

Diomède vérifia la date du livre.

— Mauvais... Trois ans... La Science marche... Une édition nouvelle a paru...

— Quand ?

— Cette semaine.

— Vous croyez ?

— Il faut savoir tout, répondit Diomède, pour pouvoir nier tout. Toutes les sciences se contredisent et toutes les croyances s'accumulent. Ah ! tout ! toutes les sensations, toutes les notions, tous les songes ! Tout, et écraser tout et en faire une poussière et la jeter au vent ! Devenir un petit être neuf qui boit la vie avec naïveté !

— Vous êtes loin d'un pareil état, Diomède.

— Je suis mon chemin. Je sais quelle serait ma réalisation.

— Quelle ?

— L'ignorance totale, l'indifférence totale, l'indulgence totale...

— Eh bien, reprit Pascase, en souriant, soyez indulgent, un peu. Je vais me marier.

— C'est très social.

— Vous me méprisez ?

— A peine. Subissez la vie. Moi aussi, je subis la vie. Qui épousez-vous ?

— Christine.

— Ah !

— Oui. Comme je sais, par Tanche, par d'autres, que vous aimez Mademoiselle Néobelle de Sina, je n'ai eu aucun scrupule. D'ailleurs, vous vous êtes vanté. Jamais Christine n'est venue chez vous. Elle me l'a juré. Elle ne vous connaît que de nom et de visage, et de sourire, peut-être...

— Inexprimable confusion, admirable songe ! Souvenez-vous donc de l'odeur des roses.

— Nervosité.

— Et c'est la même ? Ma Christine, à moi ?

— Oui, celle dont vous parliez comme d'une idéale amante, celle qui hantait votre ennui, — mais qui n'a jamais franchi votre seuil.

— Rêve incarné ! Elle est blonde, elle est svelte, elle est souriante et taciturne ?

— Elle est tout cela.

— Elle existe ?

— Pascase, vous me volez mes songes ! Vous dévalisez ma tête ! Ou bien avez-vous le pouvoir d'évoquer charnellement les créations de mon esprit ? Christine, l'odeur des roses, l'eventail... Vous réalisez ce que je pense, vous donnez la forme humaine aux imaginations fluidiques de mes nerfs...

— Non, répondit Pascase, mais pourtant l'histoire est merveilleuse. Cette jeune fille, qui s'appelle réellement Christine, demeure avec sa mère près de vous, dans la maison voisine. Elle illustre, pour vivre, des éventails, et surtout de roses, dont elle vit entourée et parfumée. Vous l'avez vue souvent, dans la rue, mais d'un œil vague ; obscurément, elle vous a séduit ; son image est entrée en vous et à des heures de solitude énervée, votre imagination inconciente l'a dressée, humaine et vivante, sous vos regards, sous vos mains, sous vos lèvres. Entrée dans votre cerveau, telle que vos yeux l'avaient bue et tous vos sens, avec sa forme, sa couleur, son odeur, l'éventail qu'elle porte toujours, telle elle en est sortie, à votre commandement secret, quand vous aviez l'intense désir d'une compagne de solitude ; — et telle, sans la voir, sans la frôler, je l'ai sentie, répandue dans l'air de votre chambre, comme une respiration de roses, et votre éventail, sorti de ses mains (je le sais), four-

nissait à nos rêves la matière réelle de la vie...
Christine, je l'aimais comme vous, par le hasard
des rencontres, et quand vous l'aviez évoquée,
j'accourais jaloux, presque fou...

Diomède admira la force de ce raisonnement,
ajoutant :

— C'est possible. Tout est possible. Tout est
vrai. J'ai joué avec une jeune femme que j'appelais
Christine. Elle était jolie, simple, aimable et —
muette ! Jamais je n'entendis sa voix, ni le moindre cri, ni un soupir. Je n'en étais pas surpris...
Elle sortait d'un livre, toujours du même livre, de
la même page, où il y a une image repliée qui
représente des petites cabanes d'anachorètes au
milieu d'un bois de grands sapins sombres... Hallucination, sans doute, mais j'ai renoncé depuis
longtemps à classer mes sensations en deux
séries, les vraies, les fausses. J'accepte toutes les
images qui s'évoquent en moi ou devant moi ;
nulle ne me trouble, nulle ne m'effraie... Christine
symbolisait plusieurs de mes désirs... Tout cela
m'est devenu obscur... Je suis dévoré par la vie
charnelle, par la vie qui parle et qui pleure... Je ne

l'ai pas revue depuis bien avant la scène de l'éventail. Et pourtant j'ai toujours l'éventail.

— Non, dit Pascase, car le voici. Je vous l'ai volé. Hier, Christine l'avoua son œuvre...

Diomède reprit :

— C'est un éventail magique... quel autre mot ? Hé ! Hé ! Les souris de Cendrillon... Mon cher, ce petit objet se change en femme, à la prière d'un homme de bonne volonté, voilà tout.

Diomède prit l'éventail. Il l'ouvrait, le regardait, le fermait, le respirait, avec inquiétude. Se souvenant de la scène où Pascase lui avait paru fou, il avait conscience d'assumer à cette heure, dans cet appartement ridicule, une attitude équivalente, plus humiliante encore...

Christine allait arriver...

Elle entra, sans bruit, souriante. Elle fixa Diomède un instant, puis, sans manifester aucun sentiment, elle tendit à Pascase sa longue main pâle. Aussitôt, elle s'occupa de mesurer les murs ; disposant des étoffes apportées en paquet, elle cloua, montée sur une chaise, toujours muette.

Pascase regardait effaré, mais heureux.

Diomède avait peur.

C'était bien Christine. C'était bien l'aristocrate fille habituée, malgré une déchéance, à réaliser rapidement ses volontés. Elle habillait la nudité des murs, insupportable à ses yeux sensibles ; elle enfonçait les clous dans le plâtre, avec, peut-être, un secret plaisir à lever la main et à frapper... Son étroite robe noire, sa lourde chevelure fauve, et tout ce corps souple, doux, harmonieux, et cet air d'apparition... Il retrouvait tous les plaisirs de ses heures songées.

Elle parla. Sa voix était sonore, nette et vivante :

— Otez cette table. Ensuite vous irez me chercher des clous.

Pascase obéit.

Alors, sans descendre, sans abandonner son marteau, elle tourna et inclina la tête vers Diomède, qui disait très doucement :

— Voulez-vous me permettre de vous baiser la main ?

— Oh ! J'ai déjà entendu cette voix prononçant ces mêmes paroles... Un jour d'été, comme je dormais, énervée par l'odeur des roses... C'était dans une chambre obscure et tiède... Non, non... Je ne veux pas me souvenir... Allez-vous en, allez-vous en !

Mais Diomède avait pris la main qui lentement et comme avec effroi s'offrait à sa bouche.

Il la baisa, il la respira.

C'était bien la chair de Christine.

Pascase rentrait. Il sortit.

XVII

LE LAURIER.

> — Si j'avais rencontré Apollon, je ne me serais pas changée en figuier...
> — En laurier?
> — Cela ne fait rien...

« La possession à distance. Mais y a-t-il des distances? Nos nerfs sont des antennes prolongées dans l'indéfini... Des solitaires, des hommes confinés au creux d'un arbre, suivent, comme dans un miroir, les mouvements de la vie humaine... La volonté est toute puissante, la volonté, c'est-à-dire le désir, ou peut-être le songe... Car nous ne pouvons pas diriger nos antennes au delà de l'immédiat; plus loin, leurs mouvements nous échappent; elles s'agitent au hasard... Tout est mystère, tout est miracle... Les sens ont une puissance illimitée. Il n'est pas plus étonnant de voir à travers un mur qu'à travers une vitre. D'ailleurs il n'y a pas de lois physiques; il y a tout e possible; il y a l'infini des manifestations et des combinaisons.... Christine est venue, je l'ai dévêtue un peu ; elle m'a fait la grâce de ses baisers silencieux. Elle, la même, celle que j'ai vu enfoncer des clous dans un mur? La même, ou le même néant. Elle s'était endormie parmi les roses; elle est venue et s'est donnée à moi, tout en gardant l'intégrité de son corps et la candeur de sa chasteté. Absurde, et si vrai! Insensé, et si raisonnable, si conforme à toutes les histoires des temps anciens, quand le génie sensitif de l'homme n'avait pas encore été étouffé par l'analyse et par le raisonnement! Mais il se révolte, il écarte les ongles des démons, il veut vivre de toute la vie; il brise et nie la petite prison naïve où on l'avait étreint de chaînes puériles... »

Diomède songea au seul ouvrage qu'il voulût écrire, après de longues années d'aventures.

Il chercha un titre.

« Philosophie du possible. Oui... »

Cependant, il sentait confusément qu'on venait de lui prendre le bras et qu'on marchait à côté de lui. L'image entrait lentement par le coin de son œil. Elle était confuse. Il tourna la tête pour la vérifier.

— C'est Mauve !

Mauve se mit à rire, mais avec discrétion. Elle semblait assagie. Sa toilette était presque sérieuse, avec moins d'en-l'air et moins de servitude : petite tenue matinale d'une élégance résignée.

Elle voulut bien déjeuner avec Diomède.

— J'allais chez Tanche, mais sans lui avoir promis. Il m'attend toujours. Il sait attendre, ni jaloux, ni inquiet. Tanche connaît la vie. Je l'aime beaucoup.

Elle n'osa pas en dire plus long. La bonne nouvelle était trop difficile à prononcer. Les mots nécessaires lui paraissaient un peu gros et comme en dehors de l'usage.

Alors, elle bavarda :

Le café lui donnait l'aisance qu'à d'autres femmes, leur salon. Elle ordonnait facilement sa tenue sur le velours rouge, droite, lente à défaire ses gants, à tourner ses poignets, attentive à ses bagues, à son jeu dans la glace lointaine.

Après des riens, elle s'inquiéta de Pascase.

— Il est très beau, cet ami de Diomède, il paraît fort et cordial. Pascase sera mon seul regret. Tous ceux que j'ai désirés, je les ai touchés, je les ai couchés — sur moi!

Elle rit et, moins grisée de vin que de ses rires et des souvenirs :

— Tous! Et quelques-uns furent difficiles à prendre. J'étais sentimentale, dans une robe sombre; sensuelle dans une robe claire; je faisais mon teint pâle ou rose, mes yeux bleus ou noirs... Et pendant que les marquises n'ont que des jockeys ou des valets, des musiciens ou des pontes, Mauve était l'amante du Parnasse...

— Et du Gymnase, ajouta Diomède.

— Les uns sont beaux, répondit Mauve, les autres sont éloquents. Cela se compense. Si j'avais rencontré Apollon, je ne me serais pas changée en figuier...

— En laurier?

— Cela ne fait rien. Je ne me serais pas changée en laurier... J'aurais plutôt voulu être deux fois femme... *Circumfusa*... Tout autour... Pellegrin m'a expliqué... Sa joie se répandait en des récitations de vers latins, et il me traduisait... C'était enivrant !

— Moins que de vous entendre, petite Mauve. Délicieuses confessions !

— Je ne me confesse pas, je dis au hasard, je pense tout haut, je revis, car je ne vivrai plus guère... Ecoutez, Diomède. Moi qui n'avais que des désirs précis, des passions charnelles ; moi qui ne me croyais capable que d'amitié ou de camaraderie, eh bien, je suis amoureuse, déplorablement amoureuse...

— De Cyran.

— De Tanche !

— Ah !

— Oui, Cyran m'a remuée, d'abord, mais on le sent si indifférent ! Tanche m'a dit les mêmes choses que Cyran, mais, lui, avec tant de cœur ! Des choses, des choses !... Enfin, il m'a conquise — et je l'aime.

— Mauve, il me semble que des fleurs viennent de mourir. Il y a dans le jardin une odeur de feuilles mortes.

— C'est fini. Je me suis donnée. D'ici quelques

jours, j'irai demeurer avec lui. Cyran nous le permet. Plus tard, nous pourrons nous marier.

— Très bon, dit Diomède. Un peu triste, mais très bon.

— Voilà la raillerie que je craignais, reprit Mauve, maintenant très sérieuse. Est-ce moi que vous raillez, Diomède, ou Tanche?

— C'est moi-même, répondit Diomède. Les actes d'autrui sont un miroir où on voit son propre avenir... Ensuite, Mauve, si je souriais un peu, en seriez-vous vraiment fâchée?

— Pas trop. Le mariage de Mauve... Le mariage de Mauve... D'abord, ce n'est qu'un projet. Tanche est déjà marié. Mais si je l'épousais demain, dans deux ans, je serais une belle madame, comme les autres, mon cher, et aussi vénérée, avec cour, jour, festons, astragales et soupirs, thé, soirée, souper, bal blanc... Oui, Mauve donnera des bals blancs, quand ses filles auront quinze ans, et les femmes de ses amants d'hier y amèneront leurs progénitures.

Diomède se garda d'insister. Il ne fallait pas trop appuyer sur Mauve : la vendeuse de bonbons reparaissait. sortait comme un diable. Cinq ou six ans de littérature et de mauvaises mœurs l'avaient agréablement vernissée, mais le vernis pouvait se fendre. Il éprouva pour Tanche quelque pitié. Mauve était un joli passe-temps, un amusant roman d'après-midi de pluie, mais toujours lire Mauve — et la relire !

Il réfléchit et fut effrayé de sentir combien, depuis quelque temps, s'étaient modifiés plusieurs de ses idées et même de ses goûts sexuels. Etait-ce un changement normal, ou bien subissait-il la domination de Néobelle, mais Mauve ne l'intéressait vraiment plus... Sa chair s'était bien détachée de cette chair d'anecdote, pourtant fraîche et de bonne grâce ! Il songea à Fanette, désira la revoir, sûr d'une désillusion dernière... Et comme Néo ne lui inspirait que des désirs calmes, presque religieux, dépouillés de toute recherche sensuelle, de tout ce qui est le luxe et le poivre de la volupté, il se vit tout à coup dans l'état d'un animal repu, torpide, qui se lèche les babines et qui va dormir.

Tant de lâcheté lui fit horreur. Il voulut vaincre l'armée sentimentale.

« Mauve et moi, maintenant, cela ferait un petit adultère secret. »

Ce piment lui parut faible et même ranci.

« Comme ils sont morts, ces vieux plaisirs, et qu'elles sont mortes, ces vieilles douleurs! Le mariage, tout ce qu'il y avait de social dans ce mot jadis solennel ou jovial! Et toutes les ruses, ou tous les cris du théâtre autour d'un contrat ou d'un serment! Maintenant il faut atteindre le fait secret et humain, au fond de toutes les conventions et de toutes les duperies... L'œuvre de chair pure et simple est plus majestueuse qu'un grand mariage avec fleurs et musique... »

Il songeait nerveusement, la tête maladive et pleine de contradictions; mais il n'eut pas même le courage de revenir sur ses pensées, selon son habitude, pour en corriger l'excès paradoxal.

Mauve s'ennuyait. Diomède n'avait rien à dire. Pourtant, ayant fini par dompter son excitation mauvaise, il murmura des choses tristes, mais presque douces :

— Ainsi, Mauve, nous ne nous reverrons plus.
— Oh! Si!

— Plus avec les mêmes yeux. Les yeux changent de couleur, quand ils changent de désir. Tu le sais bien, Mauve?

— J'aimerai toujours Diomède.

— Non. Et l'autre jour, déjà, quand tu vins chez moi — par habitude ou par amitié — tu n'étais plus la même source, et je n'ai goûté qu'à de l'eau triste et tiède.

— Oh!

— Tu ne désirais pas. Tu ne voulus pas être le ruisseau qui coule sous les cressons salés, parmi les menthes fleuries. L'eau stagnait à l'ombre des pins qui la durcissent et qui la rouillent...

— Je ne sais pas... Suis-je pas toujours la même?

Elle cria presque, frappant ses seins, bien pétris en pâte saine et ferme :

— C'est Mauve!

Puis elle se mit à rire :

— Je me retrouverai. Qui sait? La source coulera encore. Elle dort. Elle n'est peut-être pas morte.

Ils burent naïvement à la perpétuité de leurs natures, mais Diomède savait qu'on ne voit pas deux fois le même paysage et qu'on ne boit pas deux fois à la même fontaine.

Mauve ramenée jusque vers la maison de Tanche, Diomède éprouva de l'ennui à se trouver seul. Néo lui paraissait loin, et presque diffuse dans les nuées du passé.

« Hier ! Mais il y avait si peu de ma volonté en cette aventure ! Et je suis si incapable d'en conduire la suite à mon gré, et même de lui choisir un dénouement ! Pourquoi Néo est-elle partie ? Pour me fuir ? Absurde, puisque je lui obéis. Peut-être pour bien me faire comprendre cela — que je lui obéis, qu'elle peut s'éloigner dédaigneusement, sans me craindre, à l'heure où les cœurs les plus durs souffrent de la solitude. Tout m'est solitude, aujourd'hui, tout m'est ténèbres, et la petite lueur que faisait Mauve était agréable... »

Il alla par les rues, vagabond, songea devant des peintures, à Cyran, à ses fresques, à Cyrène qu'il fallait conduire là-bas.

Chez lui, il trouva un billet d'une écriture inconnue, pâle, gauche.

5 heures.

« Je voudrais voir Diomède ce soir. Bien, bien malade.

» Fanette. »

XVIII

LE JONGLEUR

> Jongleur inimitable, salut!... Comme tu escamotes bien la vie !

Fanette mourait, submergée par l'amour dans son grand lit de volupté. Sa face fiévreuse aux pommettes rouges, aux lèvres sèches, aux yeux aciérés, signalait le feu intérieur, la flamme dévoratrice de la vie. Elle avait découvert sa poitrine un peu affaissée et ses mains jouaient lentement avec des pages arrachées du livre doux.

Diomède s'agenouilla, baisa le sein brûlant. Une voix sourde mais encore douce remercia :

— Tes lèvres sont fraîches. Encore ! O Diomède, te voilà, te voilà ! Je savais que tu viendrais, toi.

Les autres m'ont abandonnée, tous, tous ! Mais toi, tu ne pouvais pas m'abandonner, puisque tu es Diomède.,. O toi, ô toi !... Dire que je vais mourir dans tes bras ! Je suis bien heureuse... Toi et le Livre !

Et elle approcha de ses lèvres, les baisant d'un pareil amour, la main de Diomède et les pages arrachées du livre doux.

— Mais tu es jolie, petite Nette, tu souris, tu as les yeux clairs... Donnez votre bras... Fièvre... beaucoup fièvre... Se couvrir, rentrer ses bras, penser à rien, dormir...

— Dormir... Il y a si longtemps que je n'ai dormi ! Mais j'attends le grand sommeil... Oh ! que je serai bien ! Déjà je suis bien... Tu es là ! Oui, il est là ! Ecoute, ils sont venus tantôt, les grands fantômes avec des yeux de feu sous leurs suaires... Ils voulaient m'emmener, mais je les ai priés... Je voulais te voir... Ils vont revenir. N'aie pas peur, Diomède, ils ne sont pas méchants. Ce sont les anges qui viennent prendre les âmes pour les conduire vers la joie, là-bas... Ah ! je souffre ! Mon cœur est rouge comme un charbon, il se tord, il crie, il éclate, il flambe ! Mets ta main pour éteindre les flammes... Ta main est fraîche... Oh ! comme je t'aime !

Diomède laissa longtemps sa main sur la gorge maigrie, quoique la chaleur fût vraiment d'un brasier ; puis, comme Fanette avait fermé les yeux, calmée par le magnétisme du contact, il s'éloigna, allant questionner la bonne, qui pleurait dans sa cuisine.

Alors il comprit que devant la douleur et devant la mort, tout s'effaçait, intelligence, distinctions sociales et morales, castes, vertu, tous les vêtements de hasard dont l'homme recouvre son instinct nu.

Cette vieille femme qui n'avait jamais servi Fanette qu'à contre-cœur, offusquée dans ses mœurs de pauvre par toutes les délicatesses d'une vie sensuelle, cette familiale maritorne pleurait vraiment et ses paroles simples protestaient.

— Si jolie, si jeune, et si bonne, monsieur Diomède ! Ce n'est pas juste ! Vous me direz qu'elle suivait ses caprices et qu'elle est punie de ses péchés ! Oh ! monsieur Diomède, la mort, tout de même, c'est une grande punition ! Je sais bien qu'elle se promenait toujours toute nue, jusqu'ici devant moi, que j'en tremblais... Ça offense le bon Dieu, ça... On ne m'a jamais vue toute nue, moi, monsieur Diomède, mais chacun a ses idées. Enfin, je lui pardonne bien tout... Le médecin a dit que c'était la fin. Il a dit aussi : Ce que j'en ai vu mourir comme ça, de ces pauvres filles ! Il reviendra à minuit. Voilà les remèdes. Il en manque un. J'y retourne. Quand elle étouffera, on lui en fera boire. Alors elle mourra doucement, doucement comme un enfant qui s'endort. A ce qu'il a dit.

Diomède revint dans la chambre, apportant les fioles.

Tous ces manèges lui semblaient vilains. Il aurait voulu autour de la mort moins de médicaments, plus de dignité, des fleurs, une musique lointaine, des lumières pâles. L'idée de faire boire de l'opium à un moribond lui agréa, cependant. Il aima ce médecin, puis, songeant à sa fortune, s'estima heureux de n'avoir pas à craindre l'hôpital, cette prison des malades, ce laboratoire où toute chair est vile, où tout corps s'ouvre comme une bible banale à la curiosité de la Science.

Tristes paraboles lues dans les nerfs détendus et dans les muscles putréfiés !... Ainsi Fanette allait mourir... Il éprouvait de l'horreur, de la pitié, mais peu de tristesse.

« Pauvre enfant! Mais qu'elle est privilégiée ! Elle va mourir, mais en joie ! Ses yeux défaillants auront pour dernière vision mon visage grave et la lumière d'un adieu muet ; ses mains naufragées s'accrocheront à la main d'un ami ; et, lourde d'être pleine de néant, sa tête penchante s'arrêtera sur mon épaule fraternelle. Ah ! meurs en joie, Fanette, puisque tu dois mourir et donne-moi, bonne petite fille, l'exemple du sourire, à l'heure où le sourire est toute la beauté...

Diomède entendit, à peine, lente et basse, la voix de Fanette :

— Tu es là ?

Il posa sa main sur son front chaud.

— Il est là... Je sens sa main sur mon front... Sa main est fraîche... Mon front se baigne dans l'eau fraîche... Maintenant je me coiffe... Mon peigne est tombé... Ça ne fait rien... Donne-moi ma robe blanche et mon grand voile... Oui, madame, c'est ma petite communiante. — Elle est bien gentille. — C'est un petit ange, madame... Tiens, il fait nuit... Non, c'est un nuage... Je ne sais plus, je ne sais plus...

Diomède, dès que la voix eut cessé, perdue dans le prolongement d'un souffle, se retourna un peu, car il croyait avoir entendu marcher sur le tapis. En effet, et la servante disait :

— Monsieur Diomède, j'ai cru bien faire. En revenant de la pharmacie, je l'ai rencontré. Le voilà.

Diomède se retourna tout à fait. Un ecclésiastique était debout, au pied du lit, le chapeau à la main comme un visiteur, l'air neutre, presque intimidé. Ce prêtre de hasard... Diomède hésita, craignant des récitations de formules, un banal ministère, une voix dure et peut-être rauque qui allait terrifier la douce endormie... Mais il songea :

« Il faut que les liturgies s'accomplissent. »

Puis :

« Il est peut-être appelé par le désir de Fanette. »

Et il trembla à l'idée que ce désir eût pu être inexaucé, se méprisa de n'avoir pas mieux lu dans l'âme obscure de la petite mourante.

Cependant le prêtre, ne se voyant pas hostile, s'était agenouillé. La tête dans ses mains, il priait. Diomède trouva son attitude très belle. Son manteau rejeté en arrière, ses cheveux un peu longs lui donnaient l'air d'un grand ange noir, d'un mystérieux messager de miséricorde et de grâce. Il releva la tête, les yeux pleins de larmes.

Diomède surpris demanda, très bas :

— Vous pleurez, monsieur! Vous la connaissez donc ?

— Non, mais toute mort me touche le cœur, répondit le prêtre, en regardant Diomède avec de grands yeux voilés, très doux. Et celle-ci me semble d'abord si douloureusement pure... J'ai entendu les aveux du délire... On ne meurt pas avec cette grâce et cet abandon en Dieu quand on a eu, même pendant une journée, une vilaine âme.

— Elle a péché, reprit Diomède, qui croyait à une méprise. Elle a même été par excellence, dans la mesure de sa force, la pécheresse.

— Je le sais. La servante m'a instruit. Qu'importe ! Le péché se révèle dans la conscience d'avoir péché. En soi, les actes ne sont que des gestes; l'âme n'est guère responsable des mouvements de l'automate. Seuls ont fait le mal ceux qui ont voulu le mal. Elle a obéi au rythme de la vie, pouvait-elle le briser ? La force n'est pas donnée à tout le monde. Vivre selon sa nature, c'est vivre selon Dieu...

Fanette, les yeux ouverts tout à coup et fixes, s'agita dans un grand sursaut. Les mains, secouant les couvertures, remontèrent vers sa gorge qu'elle pressurait comme des grappes rebelles. Un souffle chargé de brumes sortait de sa bouche ouverte,

Soulevant la tête pâle aux joues marquées de feu. Diomède fit couler entre les lèvres un peu de la liqueur de paix. Alors, Fanette parut revivre; ses yeux se tournèrent doux vers les yeux de Diomède. La vue du prêtre ne lui causa aucun effroi; elle leva vers lui sa main lasse, aussitôt retombée, — et déjà les yeux se refermaient, la tête s'enfonçait...

Le prêtre posa ses lèvres sur la main de cire. Il avait l'air de vouloir être béni et absous par cette âme qui battait des ailes.

Le souffle de brumes sortait plus sourd, presque

dur ; les muscles du cou tremblaient ; le prêtre murmura, pendant que Diomède tenait en ses mains les doigts maigres qui remuaient comme des herbes au fil de l'eau :

« Délivre-toi, pauvre âme, va-t'en vers la Miséricorde. L'amour te tend les bras et la pitié, sa sœur, s'agenouille pour aplanir le chemin où vont poser tes pieds nus.

Délivre-toi, pauvre âme !

Ne souffre plus, créature ingénue, va-t'en vers la Miséricorde. Que les grandes ailes blanches de l'Espoir soient les voiles de ta nef et que les bons vents du ciel te poussent vers le rivage !

Délivre-toi, pauvre âme !

Réjouis-toi, cœur plein de grâce, et va-t'en vers la Miséricorde. Allégé du péché, purifié du mensonge, entre dans le chœur des anges et deviens la viole qui redit en mélodies la pensée de l'Infini.

Délivre-toi, chère âme, et, entrée dans la gloire, daigne prier pour nous, pauvres pécheurs. Ainsi soit-il. »

A ces dernières paroles, Fanette expira, emportée par un grand frisson.

Le prêtre sortit.

Demeuré seul, pendant les sanglots de la servante, Diomède songeait.

Cette douce mort l'avait ému sans qu'il sentît un vrai chagrin.

« Si je n'avais appris sa mort que dans quelques semaines, à peine en aurais-je été troublé. Je n'aimais donc pas Fanette ! Pourtant ? Non, je l'aimais moins cordialement que cette servante par qui elle fut méprisée en secret. J'aimais son corps, ses cheveux, sa voix, tout ce qui était Fanette, mais elle ? Non. Elle était pour moi un des moments et une des formes de la race et je ne lui demandai jamais rien qu'une communion toute charnelle. C'est moi seul que j'aimais, répercuté par la vibration de ses nerfs, moi, moi, toujours moi... Eh ! Oui, cela seul est possible, cela seul est vrai. Ah ! je me trouve sans m'être cherché, aujourd'hui. Triste nuit où je vais comprendre que ma nature m'exclut du banquet... Et Néo ? Est-ce que j'aime Néo ? Hier... C'était hier, à l'heure même de cette agonie... Comme tout est simple, comme tout se range selon l'ordre, comme tout se succède naïvement ! Quelle suite de miracles résolus avec une élégance vraiment divine et candide ! Jongleur inimitable, salut ! Tes mouvements sûrs sont si rapides que je renonce à suivre le fil du réseau qu'ils écrivent dans l'espace. Comme tu escamotes bien la vie ! Et du gobelet vide empli seulement d'une odeur de mort, avec quelle grâce tu verses à l'assistance le vin des fécondations éternelles ! Je ne suis qu'un des points noirs figurés sur tes dés, et tu me fais tourner comme tu veux, jongleur divin, jongleur inimitable, mais j'ai confiance en toi, et je répète avec le prêtre de hasard le mot qui dit tout : Ainsi soit-il.

Comme ça rend lâche, d'avoir vécu, d'avoir compris que nulle volonté ne peut briser le rythme de la vie ! La force ? Elle est prévue dans sa mesure et dans sa direction. Pas une étincelle du feu ne sera dérobée ! Une seule et j'incendierais le monde... Alors, il faut se tenir en dehors des circuits, loin de la foudre, et regarder ceux qui meurent...

Et soi-même. Je me regarde, Ah ! saute, grenouille ! Tu es, comme les autres, un des pantins que la vie balance à son fil de fer ! »

Là, Diomède fut requis par la servante, pour les

soins funéraires. Ecumée de sa première surprise, la douleur de cette femme s'apaisait ; on l'entendait freindre doucement, au-dedans, sans que la sûreté de son travail en fût diminuée. Elle excusa même, en souriant, les maladresses de Diomède :

— Tirez un peu. Là... Ma mère était ensevelisseuse, elle m'emmenait avec elle... Ensuite, j'ai été novice chez les Sœurs de la Bonne-Mort à la Maison-Blanche. C'est dur, c'est triste... Demain, j'irai en chercher une pour veiller, la mère Sainte-Praxède, si elle est libre. Celle-là, monsieur Diomède, depuis quarante ans qu'elle ensevelit, il lui en a passé des morts par les mains... Elle sait ce que c'est que la mort, allez ! oui, elle le sait.

Allant partir, sortir de cette chambre où Fanette tant de fois avait joué avec lui, nue et souple, ou somptueuse ou émue par ses lectures, par ses rêves, Diomède sentit à sa gorge le heurt d'un sanglot.

Il pleura longtemps, mordant nerveusement les cheveux parfumés de la petite amie dont les mains se croisaient pieuses sur le Livre, comme sur un coussin d'amour.

XIX

LES FEUILLES

« Oh ! Comme ma vie se dé-
feuille ! »

Au sortir du cimetière, Pellegrin joignit leurs mains. Seuls hommes, Diomède, le poète vagabond et le prêtre de hasard avaient suivi la petite voiture de pauvre en forme de coffre que des fleurs candides mentaient virginale; ils entrèrent tous les trois sous des feuilles vertes, d'où la vision de marbres couchés affirmait la fin certaine et digne de toute activité et de tout amour.

Pellegrin, d'après une ancienne rencontre, présentait l'abbé Quentin comme un prêtre unique, tout à fait supérieur à la plèbe ecclésiastique; mais celui-ci protesta, se voulant le plus modeste des apôtres, quoique tourmenté par les singulières idées d'art, de liberté et de beauté. Se tournant vers Diomède, il dit :

— Mon attitude près de la mourante vous parut sans doute étrange, Monsieur, car il est probable que vous n'ignorez ni les liturgies ni leur puissance incantatoire ? Cette puissance ne peut cependant s'exercer que sur des intelligences capables de comprendre et les mots récités et la valeur intentionnelle de la formule. Les simples mots « Vous êtes sauvé » peuvent sauver, mais leur force est intellectuelle et non verbale. Les syllabes que l'esprit ne spiritualise pas sont sans pouvoir, soit pour condamner, soit pour absoudre. Ce n'est pas le prêtre qui délivre du péché ; c'est le pécheur qui se délivre lui-même par la connaissance que ses liens viennent d'être brisés ; à cet acte volontaire le prêtre n'apporte que le secours de ses mains et l'encouragement de sa présence et d'un ton solennel. Le peuple, c'est-à-dire tous les hommes, croit éternellement à la magie : que ce sont les mots qui importent ; qu'il y dans le code et dans le rituel des rubriques dont la récitation scelle un mariage; qu'il faut un costume pour tuer et un costume pour bénir ; qu'une étoffe au bout d'une hampe est protectrice ; que la soie est vénérable brodée d'une femme en blanc (et l'étamine, admirable tripartie, n'est, unicolore, qu'un rideau) ; que la communion avec l'infini exige du pain timbré aux armes de Dieu ; que l'eau munie de sel est purificatoire et, munie d'une croix, conjuratoire ; qu'un pont s'écroulerait si sa première pierre n'était calée avec des gestes cérémoniels. Il y a une magie papale, une magie d'Etat et une magie populaire. Toutes les trois se méprisent les unes les autres, sans comprendre qu'elles ne sont qu'un seul et même caméléon, varié de couleurs, unique de nom : la Foi. C'est beau, parce que c'est cordial, humain, naturel et universel. Heureux celui qui croit ! La simplicité de son âme affirme l'accomplissement de son salut, selon le mode où il peut être sauvé. Mais celui qui ne croit pas, qu'il agisse comme s'il croyait, afin de ne pas se séparer de l'harmonie et de ne pas mourir seul sur le sable comme une méduse rejetée par la mer.

Il parlait doucement, d'une voix lente, nette, un peu oratoire, sans hésitation ni arrêts que voulus.

Pellegrin buvait ses paroles. Diomède écoutait avec attention, intéressé aussi par le menton volontaire, la bouche large, le nez fort, le front bombé, sous lequel les yeux s'encastraient comme des cabochons dans la tiare d'un roi barbare.

Il continua.

— Un jour, je terrifiai un vicaire occupé à des pratiques dont nous ne pourrions justifier un nègre, en lui disant : Dieu n'est pas si bête que vous le croyez. J'avais tort. L'intelligence et la stupidité sont sans doute des formes et non des degrés de l'esprit. La superstition qui nous choque et l'acte de liberté qui nous émeut peuvent avoir des significations également profondes ou également nulles... Qu'en pensez-vous ?

Il s'était arrêté brusquement, regardant Diomède, qui répondit :

— Je pense que vous venez de vous contredire et que vous vous en êtes aperçu.

— Oui, oui... Je voudrais joindre les contradictions, je voudrais unir la foi et l'intelligence.

— En niant l'intelligence !

— Non j'ai dit une sottise... Et pourtant ?

— Ce n'est pas une sottise, reprit Diomède ; c'est une manière de voir et assez défendable, car l'intelligence est une échelle et la stupidité est une brouette...

Pellegrin se mit à rire :

— Mon cher Diomède, si vous intercalez des métaphores dans une discussion philosophique, la nuit va se faire, une nuit peuplée de songes...

— Une nuit peuplée de songes... Ça, c'est bien l'image de ma vie.

— Et de toutes les vies, reprit l'abbé Quentin. Dès qu'une tête veut penser, le crépuscule descend sur elle. On cherche parmi l'obscurité ses clefs tombées.

— Oui, dit Diomède, vous voudriez ouvrir la porte de la chambre où la Vérité se contemple éternellement dans plusieurs miroirs pendus aux murs. Elle se sourit à elle-même et badine avec ses compagnes, qu'elle méprise, car elle est la Vérité... Avez-vous lu Palafox ? Il faut lire Palafox.

— Vous me rejetez vers la magie, Monsieur, répondit le prêtre, qui crut à une raillerie. Mais je sais ce que je veux. Je veux aider les hommes à souffrir et je veux les aider à se délivrer de la souffrance. C'est pourquoi j'ai parlé à votre mourante comme vous l'avez entendu.

— Mais c'était de la magie, cela aussi ; c'était conjuratoire.

— Non, c'était l'encouragement d'une âme à une âme. Ai-je bien fait ?

— Votre petit poème était agréable, Monsieur, répondit Diomède, mais moins que les paroles liturgiques. Et en cela précisément, il m'a semblé que vous vous exiliez de l'harmonie. Songez que de ces paroles, plusieurs sans doute sont plus vieilles que toutes les religions connues, très vieux balbutiements de la terreur primitive ! Ce que vous nommez avec dédain des formules, c'est de la beauté verbale cristallisée dans la mémoire des siècles. Il y a dans le Zend-Avesta quelques phrases qui pourraient encore me consoler et bénir ma vie et mon pain ; mais elles sont inusitées et peut-être inefficaces. Les mots ont leur magie, Monsieur, et je crois très fermement que des vers de Virgile ont produit des incantations.

Le prêtre semblait suivre un discours intérieur. Il proféra, l'air inspiré :

— Dieu et la vie... La vie en Dieu, sérieuse, cordiale, riche d'amour et de joies... C'est la mort qui m'a fait aimer la vie. C'est en voyant mourir que j'ai compris combien la vie est grave et combien elle devrait être heureuse pour justifier la mort. Ayant connu l'injustice, j'ai cru à l'infini où tout s'annule et au magistère de Dieu, qui est la douleur infinie et l'absolu de nos souffrances. Dieu souffre de ne pouvoir se connaître et nous souffrons de ne pouvoir connaître Dieu. Aimons Dieu et nous le connaîtrons; allons à son secours; aimé des hommes, il se connaîtra dans l'amour des hommes, et toute vie de douleur cessera et toutes les âmes, les âmes humaines et l'âme divine, seront béatifiées dans l'infini. La création de la vie est le moyen de salut que Dieu au commencement des siècles trouva pour lui-même; elle est le miroir où il voulait se voir, mais la méchanceté des hommes a obscurci la face de la terre. Et devant la mort, je songe à l'inutilité de la souffrance et à toutes ces vies douloureuses éternellement sacrifiées. J'attends le règne de l'Amour. Et quand une âme s'est séparée de la vie charnelle, elle s'en va dans les douces ténèbres attendre le règne de l'Amour. Elle ne souffre pas, elle attend — et non pas en vain.

Diomède loua de tels sentiments, trouvant d'ailleurs cette théologie assez curieuse.

En secret, il jugeait l'écclésiastique un peu divagant, eût préféré un curé de campagne, apte à jouer aux boules.

Puis :

« Opinion de mauvaise humeur... Que j'ai donc l'esprit de dénigrement ! »

Puis :

« Encore une journée où j'aurai bien peu pensé à moi... Une lettre de Néo m'attend, certainement. Aussi, il faut que j'enlève mon portrait et ceux de Fanette, avant la venue des stupides héritiers... Le règne de l'amour. Fanette était cela, un peu. Pauvre enfant ! »

Brusquement, il abandonna Pellegrin et le prêtre ; au bout de quelques pas, se repentit :

« J'aurais dû garder Pellegrin. Je vais m'ennuyer jusqu'aux larmes. »

Il revint ; ils étaient partis.

« Oh ! Comme ma vie se défeuille ! »

Il n'osa pas retourner chez Fanette, revoir l'abandon du lit et ce fauteuil où la sœur de la Mort semblait s'être assise pour l'éternité.

Où pouvaient, songea-t-il, se recruter de telles vocations ? Quelle corne, sonnant dans la nuit, sonnait assez haut, pour assembler un troupeau d'aussi lamentables femmes ? Donner toute sa vie à la mort, n'avoir d'autre souci que la toilette des cadavres, la veillée solitaire près des corps rigides et des faces froides où l'ombre du nez marque une heure immuable sur la putréfaction de la joue !

Ces créatures choisissaient un métier aussi triste sans doute par plusieurs motifs. D'abord il était nécessaire et traditionnel, hérité des anciennes corporations mortuaires dont la bêche pieuse avait creusé tant de catacombes. Diomède ensuite admettait cet impérieux besoin du salut qui incline les êtres soit au sacrifice, soit au crime, si, comme pour les musulmans, le crime est un des chemins du paradis. Mais surtout la cause du choix était la vocation, l'instinctive marche à l'appel de la corne, l'absurde tendance humaine à obéir aux voix...

« Ces sœurs et les hommes qui vivent pareillement de la mort sont les scarabées nécrophores de l'humanité. Leur destinée est invicible. Leurs nerfs tressaillent aux parfums de la pourriture comme d'autres nerfs à tous les parfums de la vie, et, comme disait l'abbé Quentin, c'est beau, parce que c'est cordial et humain. »

Songeant aux mâles et aux femelles qui vivent ensemble sans communion corporelle, en colonies d'un seul sexe, Diomède parvint enfin à comprendre : de sexes différents, leurs dermes se repoussaient; du même, il y avait attraction; mais chaste, car le motif d'un tel exil était précisément l'inaptitude sexuelle.

« La chasteté n'est aucunement la compagne nécessaire de l'intelligence, mais pourtant elle est peut-être l'une de ses amies les moins équivoques. Ce qui fait surtout l'agrément de cet état, c'est l'absence totale de sentimentalisme dont se peuvent glorifier les âmes libérées du vice. Le vice est sentimental, et cela seul peut-être fait sa laideur. »

Alors Diomède se jugea lui-même avec sévérité, honteux d'avoir négligé les idées pour les sentiments, d'avoir accompli ces actes d'amour en y mêlant cette sorte de pitié que les femmes veulent contempler à genoux devant l'autel de leurs grâces. Il prit la résolution, tout en ne négligeant envers Néobelle aucun des égards sociaux dus à son attitude, de ne la fréquenter que comme un animal intellectuel, sans autres abandons que ceux de la chair et ceux de l'esprit.

Mais, presque aussitôt, il se trouva stupide :
« Ainsi je serais dupe de mes principes et je souffrirais qu'un souci de logique me dictât ma conduite? Non. Je me contredirai, s'il me plaît. D'ailleurs il faut que j'éprouve tous les sentiments aussi bien que toutes les sensations. Rien ne doit me surprendre, mais rien ne doit m'être indifférent. Lever la voile et attendre le plaisir du vent, et s'il me mène à l'écueil et au naufrage, je serai encore supérieur à ceux qui ne naviguèrent jamais que sur les eaux tristes des canaux pleins de feuilles mortes. »

X X

LES NUÉES

> Des lueurs passent, des nuées passent. Il y a des arabesques aux murs.

— Comment, disait Cyrène, vous avez laissé partir Néo?

— Elle est libre.

— Elle ne vous aime donc plus?

— Je n'en sais rien.

— Et vous?

— Je n'en sais rien.

— Vous êtes libre.

— Je l'espère.

— Je veux dire libre de ne pas me répondre.

— Mais je ne sais rien, vraiment, mon amie, reprit Diomède, très doucement. Sur Néo, rien.

Sur moi, rien. Je ne sais jamais rien sur moi. Des lueurs passent, des nuées passent ; il y a des arabesques aux murs ; des petits visages se dessinent, grandissent, éclatent, meurent... J'ai oublié ce que disaient leurs yeux, et, si le mur redevient lumineux, j'ignore ce qu'ils diront et même s'ils voudront parler encore: Franchement, Cyrène, si Néo a voulu, comme s'expriment les femmes, me faire subir une épreuve, elle s'est trompée d'homme ; son absence ne me cause aucun tourment. Si notre rencontre doit avoir des conséquences sociales, je les accepterai, sans déplaisir, voilà tout. S'il arrive que j'aie l'apparence d'avoir agi selon un égoïsme facilement qualifié de criminel, j'accepterai encore. Enfin, je suis entre ses mains. J'avais bien raison de la craindre, puisque je l'aimais. Il ne faut jamais relever ni la draperie de la statue qu'on adore, ni la robe de la femme qu'on aime : l'étoffe retombe comme une trappe.

— Elle est votre maîtresse?

— Vous le saviez, Cyrène, et c'était le seul motif de vos questions.

— Je le savais.

— Elle vous a écrit?

— Non. Confidence avant de partir.
— Surprise?
— Qui?
— Vous.
— A peine.
— En effet.

— Ne m'injuriez pas, Diomède, car enfin vos injures, à cette heure, je pourrais vous les rendre.

— A peine. D'ailleurs les unes et les autres sont hypocrites et de jeu. Nous n'y croyons pas. Comme il n'y a en nous rien de social, nous pouvons nous sourire sans cruauté.

— Rien de social ? En nous, peut-être, mais il s'agit de Néo. Vous devez l'aimer bien peu, la connaissant si mal. Elle vous est presque aussi inconnue qu'à elle-même. Pourtant, vous avez bu sa volonté, lentement, jour par jour, et vos idées sont devenues les principes d'action de cette intelligence passionnée. Froide et ironique, Néo m'avait toujours paru insoucieuse des sentimentalités, la créature faite pour rester debout, la femme la moins destinée à une brusque aventure d'alcôve. Si elle s'est donnée, ce fut par littérature, par curiosité d'esprit, pour affirmer son droit à l'acte, au geste libre, — pour vous étonner, mon cher, et non pour vous plaire. Ainsi je vous en veux de n'avoir conquis que sa vanité intellectuelle...

— Qu'en savez-vous?

— Elle épouse dans quinze jours Lord Grouchy.

— Ah !

— C'est tout ? Mais partez ! Qu'elle vous voie et elle vous suivra.

— Cyrène, que vous êtes mélodrame ! Septième tableau : Le Manoir de Flowerbury.

— Comment, vous saviez où elle est, et vous restez à Paris à jouer l'Ami des petites courtisanes !

— Pellegrin vous a dit la mort de Fanette ? Elle fut édifiante et me causa de la peine. Quant à Néo, si je ne la connais pas, elle ignore peu mon caractère, car elle m'a prévenu de son départ, sachant fort bien que nulle fantaisie ne m'inciterait à fréquenter les paquebots. Je n'irai pas à Flowerbury. Ah ! elle se marie ? Je trouve cela vulgaire, voilà tout. L'acte est laid, comme un mensonge... Opinion provisoire... Je réfléchirai. Il y a beaucoup à réfléchir, là-dessus. Abondantes méditations... Bonnes après-midi sous les arbres du Luxembourg, parmi les enfants, les canards et les jets d'eau... Nous allons ?

— Non. Moi aussi, je veux réfléchir. Ma vie se trouble et mon cœur se durcit. D'heure en heure, je désire moins de choses et les désirs que je réalise me donnent des joies chaque fois diminuées. J'avais tant espéré vous voir épouser Néo et vivre avec elle et moi, et nous, une large vie de philosophe ironiste. Vous deux, moi et Cyran, c'était un monde en quatre personnes ; du haut de notre planète nous aurions jugé les hommes avec un dédain aimable et presque divin. Cyran tout rêve, moi tout cœur, Néo tout esprit et vous, toute âme et lien des autres âmes... Cela aurait duré peu d'années, oui, je sais : Cyran s'est vieilli, son sort me guette... Mais nous aurions vécu en vous au delà de la tombe... Absurde, n'est-ce pas ? Tout est absurde, hormis la sensation. Je crois que les hommes redeviendront des animaux... Enfin, je renonce à Cyran. Hé ! Diomède, la petite bourgeoise sentimentale, elle s'efface, elle s'abolit, s'en va, s'en va...

Diomède répondit peu. Cependant, content

qu'elle se détournât de Cyran, il loua délicatement un tel sacrifice. Puis :

— Il faut qu'il meure seul, comme il le veut, avec peur, mais avec beauté. Que lui auriez-vous donné? Pas même une compagne. Des images gardent la porte de sa cellule et n'y laissent plus rien entrer que d'incorporel. Laissez-le, et aimons-le tel qu'il est, vieux dans son rêve nouveau. Alors?

— Il me reste ça, dit Cyrène, en écrasant sa poitrine lourde, mon corps, l'étui de nacre.

Diomède avait l'air si peu intéressé que Cyrène cessa de parler, aussi bien que de pétrir sa gorge complaisante. Peut-être allait-elle s'offrir, remplacer la promenade par une heure de canapé? Il le craignit.

Mais cette crainte se localisait dans sa chair et il comprit qu'une tentation, même banale, pouvait terrasser les plus violents scrupules. Afin de profiter de l'expérience, il se voulut la femelle devant le mâle odorant, la femelle vertueuse qui ne veut ni tomber ni fuir. En cet état psychologique, il se sentit le désir d'entendre parler des choses de l'amour et de ne répondre que par des rires déconcertants.

Cependant, il fallait ouvrir le jeu. Il dit sur un ton distrait :

— L'étui de nacre, l'étui de nacre !

Cyrène fut surprise. L'émoi s'écrivait en rouge à ses joues mates. Elle n'avait perçu aucune nuance de doute dans l'exclamation de Diomède, elle crut donc que les mots « étui de nacre » avaient évoqué en lui une image sensuelle ; par choc en retour, elle se vit nue.

Il lui sembla utile de se topographier :

— Mon cher, je n'ai pas bougé d'une ligne depuis que vous avez couché avec moi ; à peine si mes seins sont un peu plus lourds, mais j'ai la même taille, les mêmes hanches ; mon ventre n'a pas un pli et on voit le jour entre mes jambes comme entre deux arbres jumeaux...

Diomède suivait comme sur le transparent d'une lanterne magique ; chaque mot entrait en image dans le rond de lumière. Les jambes furent celles de Néo, ses genoux blancs creusés tout autour de jolis trous pleins d'ombre, des genoux comme d'un enfant gras et fort. A ce moment, femme, il eût été vaincu par le moindre contact ; il eût fermé les yeux pour ne les rouvrir que d'accord avec la bouche et les mains...

Cyrène continuait, un peu haletante, disant sa joie quand elle se dressa pour la première fois nue devant un homme...

« Si je ne la prends pas, songea Diomède, elle va se croire méprisée et, à cause de son âge, elle souffrira, malgré les certitudes que lui donnent tant de jeunes hommes. Plus loin dans le chemin, je suis plus difficile à tenter surtout par un fruit dont je connais la saveur... Mon Dieu ! que j'ai peu envie de me réjouir avec Cyrène !

Il s'approcha, lui prit les mains, mais Cyrène, heureuse du geste, se refusa : »

— Non, non, mon cher, Néo pense peut-être à vous, en ce moment. Adieu.

XXI

LES PENSÉES

> Les Pensées sont faites pour être pensées et non pour être agies.

Flowerbury Manor. Saturday.

« Très Cher Dio,

» Vous saurez toute la tragédie de mon amour.

« J'étais si libre et maîtresse chez moi que mon père jamais n'osa me dénier le droit d'une seule de mes volontés. Il me laissa sortir, un soir, avec vous, mais il attendit mon retour, triste et soupçonneux, m'apprit sa résolution de m'emmener à Flowerbury, dès le lendemain. Je savais. J'attendais cela. Le mariage, pour une fille, c'est une seconde première communion, et rien de plus ; l'acte est pareil, quoique moins pur et, humainement, plus significatif ; ses conséquences, toutes de l'ordre matériel, sont vulgaires et traditionnelles.

» Moi, ses mystères ne pouvaient plus m'émouvoir ; Lord Grouchy n'a manifesté qu'une satisfaction discrète, comme à tuer une oie sauvage ou à respirer la virginité d'une vieille eau-de-vie de France retrouvée dans la poussière des caves. Il m'a témoigné cette confiance de me dévoiler tous ses goûts ; il n'est pas hypocrite ; il désire un mâle de son sang. Dieu le satisfasse : la vérité, c'est ce que l'on croit, — selon vos enseignements, Diomède, — mais, moi, je lirai l'âme du père dans les yeux du fils.

» Vous vous souvenez, ami, de cette lettre que vous n'avez pas su lire, même à travers l'enveloppe ? Relisez-la. Elle vous paraîtra claire, maintenant, si vous voyez, au mot amant, que, dès lors, je me considérerais comme mariée. Opération purement juridique, formule la plus usitée pour la transmission de la propriété, usage social dont je n'ai subi que l'ombre, en souriant ! J'ai souri de tromper la société, le monde, et toutes les dupes du jeu ; je vous souris par-dessus la mer, mon délicieux complice !

»Dio, c'est maintenant que je vous aime !

» Je t'aime, Dio ! Tu m'as rendue si différente des autres femmes ! Il me semble qu'un aigle m'a transportée sur les cimes d'une forêt, parmi les feuilles, dans la maison du vent; c'est là que je vis et c'est là que je pense à toi, pendant que sous les branches que frôlent les têtes humaines, des êtres se réjouissent de la solidité de leurs jambes et du poids de leurs reins. Moi, je me lève jusqu'à ton front et j'explore le royaume de ta pensée, et je réalise tes discours par la beauté de mes attitudes.

» Je me suis donnée à toi pour être digne de toi, et avec si peu d'amour encore que je fus laide, peut-être, pendant le sacrifice. Il faut aimer pour se donner avec grâce. Mais à cette heure, pleine d'harmonie, je trouverais la joie qui se perdit dans ma chair, et nos yeux seraient de la même couleur.

» Attends-moi...

« BELLE. »

« Lettre interrompue par la rentrée de la meute, songea Diomède, très froid. Mais je ne prévoyais pas tant de lyrisme. Cela ne m'intéresse plus. Où le mensonge a passé, je ne mets pas les pieds. Il y a des herbes fraîches. J'irai le long du ruisseau, dans le pré, parmi les joncs en fleur et j'écorcerai les joncs pour voir trembler entre mes doigts la blancheur de leur moelle. J'aimerai les âmes franches comme le jonc des prés et aussi vertes et aussi innocentes,..

Je me suis trompé. On ne peut rien dire dans la vie qui ne tombe en des oreilles maladroites, et des êtres se hâtent de travestir en actes vos pensées. Les pensées sont faites pour êtres pensées et non pour être agies. Action, tu n'es pas la sœur, tu es la fille du rêve, sa fille ridicule et déformée. Action, abstiens-toi d'écouter aux portes des cerveaux ; trouve en toi-même, si tu en es capable, ton motif et ta justification.

Sois stérile, Pensée. Ne lâche que desséchées par l'ironie tes graines pestilentes. Sois un engrais et non une semence. Mais si le fumier fleurit, résigne-toi à empoisonner le monde. Ton odeur fera se coucher les femmes au milieu du cercle des mâles sanglants et ta beauté sourira dans les cheveux parés pour la luxure.

Il faut se taire. Dès qu'on ouvre la bouche, les

flèches partent, s'en vont, portant des mots, pénétrer les membres et les forcer au mouvement. La pensée s'agite en danses et en gestes ; elle se ment à elle-même, elle se nie en devenant principe de force, c'est-à-dire inconsciente et stupide. Il avait raison, le prêtre de hasard : la stupidité est une des formes de l'intelligence ; c'est l'intelligence devenue acte : c'est la phrase de Beethoven devenue la main qui fouille les croupes ; c'est l'idée de la liberté sexuelle devenue le motif d'une turpitude.

Toute idée qui se réalise, se réalise laide ou nulle. Il faut séparer les deux domaines : l'instinct guidera les actes ; et la pensée, délivrée de la crainte des déformations basses, s'épanouira libre et seule selon la beauté énorme de sa nature absolue.

La pensée ne doit pas être agie ; l'acte ne doit pas être pensé. Quand je songe mes actions, je les enlaidis encore ; isolées dans leur catégorie, elles seraient peut-être innocentes comme des pensées sont innocentes. Quelques actes, si peu ! non des miens, peuvent, comme des agneaux blancs, entrer dans l'enclos des pensées innocentes...

Néo, qu'elle a été vulgaire ! « Je réalise tes discours par la beauté de mes attitudes. » O stupidité ! Néo, tu réalises les discours qui sont entrés dans ton oreille et non ceux qui sont sortis de ma bouche.

« Délicieux complice ! » Cela, c'est mieux et c'est vrai. Je vais lui répondre. Puis-je injurier une femme parce qu'elle oublia d'élucider un point obscur de la métaphysique des idées ? Délicieuse complice, tu reviendras ici, tes pieds nus feront encore de pâles fleurs sur le tapis bleu et je te verrai encore étendue sur mon lit comme une statue éternelle couchée sur un tombeau... Je n'ai plus peur de toi ; je sais que ton amour n'est que le désir de m'étonner « par la beauté de tes attitudes », et quand tes yeux bruns voudront sourire, e serai content. .. »

Diomède sortit, désirant se calmer par un spectacle indifférent.

Avenue des Champs-Elysées, il rencontra Cyrène dans son landeau, avec Elian et Flavie, roses et rieurs. Elle les grondait comme de petits chiens, leur faisait manger des bonbons.

Plus loin, sous les arbres, Pascase et Christine

s'en revenaient vite, l'air un peu égaré : Diomède crut voir un homme rude qui les chassait à coups de fouet.

« Ombre charmante ! »

Une voiture passa rapide où une femme pleurait: il reconnut Mauve, puis Tanche, qui, penché vers elle semblait la consoler ; la voiture frôla une sœur de la Mort qui se recula, glissa. Diomède lui tendit les mains, mais la religieuse se releva seule, redressa son voile, et, sans que rien bougeât sur sa figure de cire, dure, plate, morne, dit, regardant la voiture déjà loin et reniflant comme une bête :

« Ça sent la mort. »

Elle agitait ses coudes pour traverser la foule.

— Laissez passer la bonne sœur de la Mort, dit un prêtre, en saluant la religieuse qui disparut, suivie par la peur de tous les yeux.

— Vous la reverrez, reprit l'abbé Quentin, s'adressant à Diomède. Mais craignez-la ; elle est un présage.

Au café, en attendant Cyran, Diomède lut les dernières nouvelles des journaux du soir ;

« Jérusalem, midi. — Sont descendus à l'Hôtel du Golgotha...

« Encore une idée qui s'est bien mal réalisée, ou un acte que la pensée a déformé au point qu'un prêtre même n'en sait plus l'histoire... »

... Golgotha : La comtesse Ephrem de Sina... »

Plus loin :
« Mort de M. Cyran. — ... On l'a trouvé mort, la brosse à la main, couché aux pieds de l'agneau qui semblait veiller sur lui... »

Au milieu de son chagrin, Diomède songea :
« Le journaliste a achevé la phrase de Cyran. Vivre, c'est achever une phrase commencée par un autre, mais celle que l'on commence, un autre l'achève. Et cela s'en va vers l'infini selon une courbe dont nous ne comprenons pas bien la beauté... »

Puis encore :
« Je vais adopter Agneau. Selon le vœu de Cyran,

j'en ferai un bélier qui perpétuera sa race, sans perpétuer la pensée qui corrompt les races et brise l'harmonie de l'unité. Agneau est un être dont les actes seront toujours purs, puisque leur rythme ne pourra être troublé par aucun scrupule. Le mal, c'est la pensée déformatrice avec toutes ses tentations, ses labyrinthes d'où nul n'est ressorti, sinon estropié par les luttes, enfiévré par les angoisses intellectuelles.

Cyran meurt d'avoir voulu écrire des idées sur les murs d'une église : les murs ont refusé l'écriture ; repoussées par la pierre, les idées comme des lances ont percé le cœur de Cyran.

Sois maudite, Pensée, créatrice de tout, mais créatrice meurtrière, mère maladroite qui n'as jamais mis au monde que des êtres dont les épaules sont l'escabeau du hasard et les yeux, la risée de la vie. »

TABLE

I. — Les roses.	13
II. — Les peupliers.	29
III. — La ceinture	39
IV. — Le jet d'eau	47
V. — Le bourdon.	63
VI. — Le souci	74
VII. — L'abeille	86
VIII. — Les landes	95
IX. — Le cygne	106
X. — Les mains.	119
XI. — La barque	129
XII. — L'odeur.	137

XIII. — L'agneau.	151
XIV. — Les marronniers	164
XV. — Le songe.	177
XVI. — L'éventail	189
XVII. — Le laurier.	199
XVIII. — Le jongleur	210
XIX. — Les feuilles	222
XX. — Les nuees	233
XXI. — Les pensées	241

ÉDITIONS DV MERCVRE DE FRANCE
Extrait du Catalogue

Collection grand in-18, à 3 fr. 50

Pierre d'Aiheim
Moussorgski . . . . 1 vol.
Sur les Pointes . . . . 1 vol.

Marcel Batilliat
Chair mystique, roman . . . . . 1 vol.

Léon Bloy
La Femme pauvre, roman . . . . 1 vol.

Edouard Ducoté
Aventures . . . . 1 vol.

Edouard Dujardin
Les Lauriers sont coupés, précédé de *Hantises* et de *Trois Poèmes en prose* . . . . 1 vol.

Louis Dumur
Pauline ou la liberté de l'amour . 1 vol.

Georges Eekhoud
Le Cycle Patibulaire . . . . 1 vol.

André Fontainas
Crépuscules . . . . 1 vol.

Paul Fort
Ballades Françaises, préface de PIERRE LOUYS . . . . 1 vol.

André Gide
Le Voyage d'Urien, suivi de *Paludes* 1 vol.
Les Nourritures terrestres . . . . 1 vol.

Remy de Gourmont
Le Pèlerin du Silence, orné d'un frontispice d'ARMAND SEGUIN . . 1 vol.
Le Livre des Masques. Portraits symbolistes. Les Masques, au nombre de trente, par F. VALLOTTON . . . . 1 vol.
Les Chevaux de Diomède, roman . . 1 vol.

Gerhart Hauptmann
La Cloche engloutie, trad. de l'allemand par A.-FERDINAND HEROLD. 1 vol.

A.-Ferdinand Herold
Images tendres et merveilleuses 1 vol.

Alfred Jarry
Les Jours et les Nuits, roman d'un Déserteur . . . . 1 vol.

Virgile Josz et Louis Dumur
Rembrandt . . . . 1 vol.

Gustave Kahn
Premiers Poèmes . . . . 1 vol.

A. Lacoin de Villemorin et Dr Khalil-Khan
Le Jardin des Délices . . . . . . 1 vol.

Pierre Louys
Aphrodite, roman . . . . 1 vol.

Emerich Madach
La Tragédie de l'Homme, traduit du hongrois par CH. DE BIGAULT DE CASANOVE . . . . 1 vol.

Maurice Maeterlinck
Le Trésor des Humbles . . . . . 1 vol.
Aglavaine et Sélysette . . . . . . 1 vol.

Rachilde
Les hors nature, roman . . . . . 1 vol.

Hugues Rebell
La Nichina, roman . . . . 1 vol.

Henri de Régnier
Poèmes, 1887-1892 . . . . 1 vol.
Les Jeux rustiques et divins . . . 1 vol.

Jehan Rictus
Les Soliloques du Pauvre . . . . 1 vol.

Albert Samain
Au Jardin de l'Infante, augmenté de plusieurs poèmes . . . . 1 vol.

Marcel Schwob
Spicilège . . . . 1 vol.

Jean de Tinan
Penses-tu réussir! roman . . . . 1 vol.

Emile Verhaeren
Poèmes . . . . 1 vol.
Poèmes, nouvelle série . . . . . 1 vol.

Francis Vielé-Griffin
Poèmes et Poésies . . . . 1 vol.
La Clarté de Vie . . . . 1 vol.

E. Vigié-Lecocq
La Poésie contemporaine, 1884-1896 1 vol.

Collection grand in-18, à 2 fr.

Gunnar Heiberg
Le Balcon, trad. et préface du Comte M. PROZOR . . . . 1 vol.

Formats, tirages, grands papiers : au CATALOGUE COMPLET des Publications du « Mercure de France ». Envoi franco sur demande.

ÉDITIONS DV MERCVRE DE FRANCE
Extrait du Catalogue

Collection grand in-18, à 1 fr.

Jules Delassus
Les Incubes et les Succubes . . . . 1 vol.

Comte M. Prozor
Le Peer Gynt d'Ibsen . . . . 1 vol.

Archag Tchobanian
L'Arménie, son Histoire, sa Littérature. Introduction d'ANATOLE FRANCE . . . . 1 vol.

Collection petit in-18, à 2 fr.

Léon Bloy
La Chevalière de la Mort . . . . . 1 vol.

Hugues Rebell
Le Magasin d'Auréoles . . . . . . 1 vol.

J.-H. Rosny
Les Xipéhuz . . . . 1 vol.

Formats et prix divers

Aghassi
Zeitoun . . . . 3 fr. 50

G.-Albert Aurier
Œuvres Posthumes. Notice de REMY DE GOURMONT. Portrait de G.-Albert Aurier (eau-forte) par A.-M. LAUZET . . . . 12 fr. »

Henry Bataille
La Chambre blanche, poésies, Préface de MARCEL SCHWOB . . . 2 fr. »

Aloysius Bertrand
Gaspard de la Nuit . . . . 3 fr. 50

Léon Bloy
Ici, on assassine les Grands Hommes, avec portrait et autographe d'ERNEST HELLO . . . . 1 fr. 50

Victor Charbonnel
Les Mystiques dans la Littérature présente (1re série) . . . . 3 fr. 50

Paul Claudel
L'Agamemnon d'Eschyle (trad.) 2 fr. »

Gaston Danville
Contes d'Au-Delà, orné de 20 vignettes de L. CABANES . . . . . 6 fr. »

Eugène Demolder
Le Royaume authentique du Grand Saint Nicolas, couverture à l'aquarelle, frontispice et 30 croquis de FÉLICIEN ROPS, 5 dessins hors texte d'ETIENNE MORANNES . . . . 18 fr. »
La Légende d'Yperdamme, couverture et 9 dessins hors texte d'ETIENNE MORANNES, frontispice, dessin et 3 vignettes de FÉLICIEN ROPS . . . . 15 fr. »

Lord Alfred Douglas
Poèmes, texte anglais et traduction française, avec le portrait de l'auteur en héliogravure . . . . 3 fr. 50

Louis Dumur
La Motte de Terre, 1 acte en prose. 2 fr. »
La Nébuleuse, 1 acte en prose . . 2 fr. »

André Fontainas
Nuits d'Épiphanies, poésies . . . . 3 fr. »

Henri Ghéon
Chansons d'Aube . . . . 2 fr. »

André Gide
Les Cahiers d'André Walter . . 6 fr. »
La Tentative amoureuse . . . . 2 fr. »
Le Voyage d'Urien, orné de lithographies en couleurs par MAURICE DENIS . . . . 12 fr. »
Paludes . . . . 5 fr. »
Réflexions sur quelques points de Littérature et de Morale . . . . 2 fr. »

Remy de Gourmont
Le Latin mystique, 3me édition. Préface de J.-K. HUYSMANS. Couverture ornée d'un dessin de FILIGER . . . . 10 fr. »
Le Fantôme, 2me édition, orné de 2 lithographies de HENRY DE GROUX . . . . 4 fr. »
Théodat . . . . 2 fr. 50
L'Idéalisme, avec un dessin de FILIGER . . . . 2 fr. 50

Formats, tirages, grands papiers : au CATALOGUE COMPLET des Publications du « Mercure de France ». Envoi franco sur demande.

ÉDITIONS DV MERCVRE DE FRANCE
Extrait du Catalogue

Fleurs de Jadis . . . . 2 fr. 50
Histoires Magiques, 2ᵐᵉ édition, avec une lithographie de HENRY DE GROUX. . . . . 3 fr. 50
Histoire tragique de la Princesse Phénissa. . . . . 2 fr. 50
Proses Moroses. . . . . 3 fr. »
Le Château singulier, orné de 32 vignettes en rouge et en bleu. . 2 fr. 50
Phocas, avec une couverture et 3 vignettes par l'auteur. . . . . 2 fr. »
La Poésie populaire, avec un air noté et des images. . . . . . . 2 fr. »
Le Miracle de Théophile, de Rutebeuf ; texte du XIIIᵉ siècle, modernisé . . . . 2 fr. »

Charles Guérin
Le Sang des Crépuscules, poésies, avec un Prélude en musique de 32 pages par PERCY PITT . . . . 5 fr. »
Sonnets et un Poème. . . . . . . 2 fr. »

A.-Ferdinand Herold
La Légende de Sainte Liberata, mystère. . . . . 2 fr. »
Paphnutius, comédie de HROTSVITHA, trad. du latin, ornée de dessins de PAUL RANSON, K.-X. ROUSSEL et ALFONSE HEROLD. 2 fr. »
Le Livre de la Naissance, de la Vie et de la Mort de la Bienheureuse Vierge Marie, orné de 57 dessins de PAUL RANSON . . . 6 fr. »
L'Anneau de Çakuntalâ, comédie héroïque de KALIDASA. . . . . 3 fr. »

Charles-Henry Hirsch
Priscilla, poème . . . . 2 fr. »
Yvelaine, poème . . . . 2 fr. »

Francis Jammes
Un Jour, un acte en vers, suivi de poésies. . . . . 2 fr. »

Alfred Jarry
Les Minutes de Sable Mémorial, orné d'un frontispice et de gravures sur bois. . . . . 4 fr. »
César-Antechrist. . . . . 3 fr. »
Ubu Roi . . . . 2 fr. »

F. Jollivet Castelot
L'Alchimie. . . . . 1 fr. »

Tristan Klingsor
Filles-Fleurs, poésies . . . . . . 2 fr. »
Squelettes fleuris, poésies . . . . 2 fr. »

André Lebey
Les Poésies de Sapphô . . . . . . 2 fr. »
La Scène, 1 acte en prose . . . . 2 fr. »
Le Cahier rose et noir, poésies . 4 fr. »
Chansons grises . . . . 3 fr. 50

Maurice Le Blond
Essai sur le Naturisme . . . . . 2 fr. 50

Sébastien Charles Leconte
L'Esprit qui passe. . . . . 0 fr. »

Jean Lorrain
Contes pour lire à la Chandelle. 2 fr. »

Pierre Louys
Poésies de Méléagre (traduction). 3 fr. »
Aphrodite, mœurs antiques. Vol. in-8 carré, tirage à petit nombre numéroté sur beau velin . . . 10 fr. »

Maurice Maeterlinck
Alladine et Palomides, Intérieur, et La Mort de Tintagiles, trois petits drames pour marionnettes 3 fr. 50

Camille Mauclair
Jules Laforgue, essai. Introduction de MAURICE MAETERLINCK . . . 2 fr. 50

Adrien Mithouard
Les impossibles noces, poèmes. 2 fr. 50

Albert Mockel
Émile Verhaeren, avec une Note biographique par FRANCIS VIELÉ-GRIFFIN. . . . . 2 fr. »

Laurent Montésiste
Histoires vertigineuses. Contes symboliques . . . . 2 fr. »

Eugène Montfort
Sylvie ou les émois passionnés. Préface de SAINT-GEORGES DE BOUHÉLIER . . . . 2 fr. 50

Alfred Mortier
La Vaine Aventure, poésies, couverture lithogr. en couleurs par GEORGES DE FEURE . . . . . . 3 fr. »
La Fille d'Artaban, un acte. . . 2 fr. »

Georges Pioch
La Légende blasphémée . . . . . . 2 fr. »
Toi. . . . . 2 fr. »

Georges Polti
Les 36 Situations dramatiques . 3 fr. 50

Pierre Quillard
Les Lettres rustiques de Claudius Ælianus, Prénestin, traduites du grec, avec un Avant-propos et un Commentaire latin . . . . . . 2 fr. »

Rachilde
Le Démon de l'Absurde, 2ᵐᵉ édition, Préface de MARCEL SCHWOB, portrait de l'auteur, reproduction autographique de 12 pages de manuscrit. . . . . 3 fr. 50

Yvanhoé Rambosson
Le Verger doré, poésies . . . . . 3 fr. 50

Formats, tirages, grands papiers : au CATALOGUE COMPLET des Publications du « Mercure de France ». Envoi franco sur demande.

ÉDITIONS DV MERCVRE DE FRANCE
Extrait du Catalogue

Hugues Rebell
Baisers d'Ennemis, roman . . . 3 fr. 50
Chants de la Pluie et du Soleil . 3 fr. 50

Marcel Réja
La Vie héroïque, poèmes. Frontispice de HENRI MÉRAN. . . . . 3 fr. 50

Henri de Régnier
Le Trèfle noir. . . . . 2 fr. 50

Jules Renard
Le Vigneron dans sa Vigne . . . 2 fr. »

Lionel des Rieux
Les Amours de Lyristès. . . . . 2 fr. »
La Toison d'Or, poème. . . . . 2 fr. »

Léon Riotor
Les Raisons de Pascalin . . . . 5 fr. »
Le Sage Empereur, poème . . . 3 fr. 50

Pierre de Ronsard
Les Amours de Marie, édition précédée d'une *Vie de Marie Dupin*, par PIERRE LOUYS . . . . . 3 fr. 50

Saint-Georges de Bouhélier
L'Hiver en méditation ou les Passe-temps de Clarisse, suivi d'un opuscule sur Hugo, Richard Wagner, Zola et la Poésie nationale. . . . . 6 fr. »

Saint-Pol-Roux
L'Ame noire du Prieur blanc . . 5 fr. »
Épilogue des Saisons Humaines . 3 fr. »
Les Reposoirs de la Procession, avec le portrait de l'auteur . . 4 fr. »

Robert Scheffer
La Chanson de Néos, couverture en couleur de GRANIÉ. . . . . 1 vol

Marcel Schwob
Mimes, 2me édition . . . . 3 fr. »
Annabella et Giovanni . . . . . 1 fr. »
La Croisade des Enfants, couvert. lithog. en couleurs par MAURICE DELCOURT . . . . 3 fr. 50
Le Livre de Monelle. . . . . . . 2 fr. »

Robert de Souza
Fumerolles. . . . . 3 fr. »

Auguste Strindberg
Introduction à une Chimie unitaire (Première esquisse) . . 1 fr. 50

Albert Thibaudet
Le Cygne rouge, mythe dramatique. . . . . 3 fr. 50

Jean de Tinan
Erythrée, conte, orné par MAURICE DELCOURT. . . . . 2 fr. 50

Charles Vellay
Au lieu de vivre, poèmes . . . . 2 fr. »

Francis Vielé-Griffin
Παλαι, poèmes. . . . . 2 fr. »
Laus Veneris, poème de A.-CH. SWINBURNE (traduction) . . . 2 fr. »

Divers
L'Almanach des Poètes pour 1896, orné de 25 dessins par AUGUSTE DONNAY. . . . . 3 fr. 50
L'Almanach des Poètes pour 1897, orné de 66 dessins par ARMAND RASSENFOSSE . . . . 3 fr. 50

Anonyme
Les Massacres d'Arménie. Témoignages des Victimes. Préface de G. CLEMENCEAU . . . . 3 fr. 50

Musique
Gabriel Fabre
Sonatines Sentimentales, quatre mélodies : 1o *Chanson de Mélisande*, de Maurice Maeterlinck, 2o *Ronde*, 3o *Ballade*, 4o *Complainte*, de Camille Mauclair. Couverture en couleur d'Alexandre Charpentier. Nouvelle édition. . . . . 5 fr. »

Enluminure
Filiger
Vierge à l'Enfant, miniature copiée à la main . . . . 3 fr. »

Lithographie
Henry de Groux
Quelques exemplaires sur chine de la lithographie donnée avec les volumes de luxe des *Œuvres Posthumes* de G.-Albert Aurier. In-8 . . . . 5 fr. »

Formats, tirages, grands papiers : au CATALOGUE COMPLET des Publications du « Mercure de France ». Envoi franco sur demande.

ACHEVE D IMPRIMER
le trente avril mil huit cent quatre-vingt-dix-sept
PAR L'IMPRIMERIE DU
MERCVRE DE FRANCE
LUCIEN MARPON
17, rue Friant, 17
PARIS

www.ingramcontent.com/pod-product-compliance
Lightning Source LLC
Chambersburg PA
CBHW070635170426
43200CB00010B/2032